崔永元　耿春龙　唐屹　著

崔永元名师作文课　实战篇

浙江人民出版社

图书在版编目（CIP）数据

崔永元：名师作文课. 实战篇 / 崔永元，耿春龙，唐屹著. —杭州：浙江人民出版社，2020.9
　　ISBN 978-7-213-09776-8

　　Ⅰ.①崔… Ⅱ.①崔… ②耿… ③唐… Ⅲ.①作文课—小学—教学参考资料 Ⅳ.①G624.243

中国版本图书馆CIP数据核字（2020）第115602号

崔永元：名师作文课（实战篇）

CUI YONGYUAN：MINGSHI ZUOWEN KE（SHIZHAN PIAN）

崔永元　耿春龙　唐　屹　著

出版发行	浙江人民出版社（杭州市体育场路347号　邮编　310006）
责任编辑	钱　丛
责任校对	陈　春
封面设计	沐希设计
电脑制版	书情文化
印　　刷	天津旭丰源印刷有限公司
开　　本	700毫米×980毫米　1/16
印　　张	14
字　　数	170千字
插　　页	3
版　　次	2020年9月第1版
印　　次	2020年9月第1次印刷
书　　号	ISBN 978-7-213-09776-8
定　　价	42.80元

如发现印装质量问题，影响阅读，请与市场部联系调换。

质量投诉电话：010-82069336

目 录

03

唐 屹

用对逻辑，才能写好作文 _159

写好作文一点儿都不难

崔永元

电视节目主持人

中国传媒大学教授

如何起一个好标题

中国有"文如其人""字如其人"的说法，为什么说文章标题也如其人呢？你看，中国人的名字，都有点儿特别的寄托和希望。史学家侯外庐在一篇文章中，对鲁迅之所以取名鲁迅做了解释。他说一般人把鲁迅的"迅"字解释为"快迅"，是不确切的。他认为"鲁迅"的"鲁"，取自鲁迅母亲的姓，鲁迅的母亲叫鲁瑞，父亲叫周伯宜。"迅"，古义狼子，表示自己甘做封建制度的逆子贰臣。著名教育家陶行知，原名陶文濬，早年信奉王阳明的哲学——知行合一，遂把"文濬"改为"知行"。后来，他在教学实践中认识到行动才是真知的开始，转而笃信"行是知之始，知是行之成"，于是把名字改为"行知"。他的名字反映了他的思想历程，做了一番哲学思考。简单点儿就是说，行与知哪个在先，哪个在后。著名作家周立波，他的小说《暴风骤雨》获得斯大林文学奖。周立波原名周绍仪。他 20 岁入上海劳动大学，并开始写作，1934 年参加鲁迅等人领导的中国左翼作家联盟，从青年时代就追求真理，向往自由，所以将英语"自由"（Liberty）的音译"立波"取代原来的名字。他把自己文学创作的基调定为歌唱"美丽和真诚"，也歌唱"刚强和反叛"。

作文的标题也是如此，也有自己的主题和寄托。曾经非常流行的小说《牛虻》是爱尔兰女作家艾捷尔·丽莲·伏尼契的名著，塑造了一个英勇无畏、刚强坚毅的英雄人物。标题《牛虻》是什么意思呢？因为作者从小就钦佩古希腊哲学家苏格拉底悲壮的一生，苏格拉底被雅典执政当局判处死刑时对审判官说："假如诸位提出条件，只要我以后不再从事哲学研究，就可以释放我，让我活着的话，那我要回答说，只要我活着，我就坚决不放弃哲学研究。真正有意义的行动是不应当考虑生命危险的。我被神派遣到这个城市里来，好比是马身上的一只牛虻，职责就是刺激马赶快前进。"作品的主人公正是这样的人物，也寄托了作者对人生意义的理解。《不能承受的生命之轻》是捷克作家米兰·昆德拉的著名作品，标题大意是说生命因为能够背负起许多重任而显得有意义，如果一个人不愿负重，变得轻巧，反而会觉得人生毫无意义，这是生命所不能够承受的，一个标题寓含着对人生深刻的理解。

在一本叫《写作掌故杂谈》的书中，记载郑板桥是这么说文章标题的："作诗非难，命题为难。题高则诗高，题矮则诗矮。"他还举了杜甫的例子，说杜甫的诗光看标题，人家就在百尺楼上，你只能仰望。打开杜甫诗集看看标题：《哀江头》《哀王孙》，伤亡国也；《新婚别》《无家别》《垂老别》，以及前后《出塞》十四篇，悲戍役也；《兵车行》《丽人行》，当乱之始也；《喜达行在所三首》，庆中兴也；《北征》《洗兵马》，喜复国望太平也。看看杜甫的标题，一种忧国忧民、忽悲忽喜的感情，以及百姓之苦、国家之难，宛然在目。标题都这样了，他的诗能不让人痛入骨髓、打动人心吗？！然后郑板桥把同时代作诗的人骂了一遍："近世诗家题目，非赏花即宴集，非喜晤即赠行，满纸人名、某轩、某园、某亭、某斋、某楼、某岩、某村、某墅，皆市井流俗不堪之子，今日才立别号，明日便上诗笺。其题如此，其诗可知。其诗如此，其人品又可知。"标题如其人没错吧，只是郑板桥比我更狠，觉得从一个标题还能看出写作者的人品来！

我们熟悉的鲁迅先生，他的两本小说集《呐喊》和《彷徨》，光看标题，就有想哭的感觉。鲁迅在题《彷徨》一诗中说："寂寞新文苑，平安旧战场。两间余一卒，荷戟独彷徨。"这时候鲁迅还是一个士卒，在战场独自彷徨，带着迷茫的心境。后来，他在 1926 年 11 月说："我已决定不再彷徨，拳来拳对，刀来刀挡，所以心里也就舒服了。"最终鲁迅成为一个在寂寞里奔驰的猛士。

写本文的时候，我特意上了网，却发现现在的标题根本看不出写作者的人品，能看到的就剩下人民币啦。我写几个你们看看：《坚持这 10 个习惯，彻底告别又懒又穷，从失业到年薪百万》《她是高颜值女性创业者，毕业 5 年离开体制内，从月薪 5000 元到年入 50 万元，只做了一件事》《震惊！十四亿人都不知道的惊天大秘密？》《那个经常旷课的学渣同学，去年挣了 1000 万元》《连马云都忍不住点赞的淘宝店运营秘籍》。更绝的还有《闹市路段惊现无头裸尸露出神秘汽车后备箱》，你点开一看，就是后备箱里放了两条猪大腿，哪有什么人啊！但标题党有自己的理论，他们认为在互联网时代，起标题的标准完全和纸媒体的标准不一样了，讲究的不再是标题的语言艺术，而是标题的心理学艺术，诱惑你把这个链接点开。这和骗子有什么区别？人民网也看到了这种哗众取宠的标题，所以最近连发三篇评论，批评这种文风：《人民网三评浮夸自大文风之一：文章不会写了吗？》《人民网三评浮夸自大文风之二：中国人不自信了吗？》《人民网三评浮夸自大文风之三：文风是小事吗？》。

写作文，还是语言艺术的事，所以说标题能反映写作者的水平。我就很喜欢英国作家毛姆的两篇小说的标题。《刀锋》开篇有一句很震撼人的话——"一把刀的锋刃很不容易越过，因此智者说得救之道是困难的"，解释了标题"刀锋"。《月亮和六便士》，月亮代表理想、美好等精神，六便士代表物质和世俗，讲述画家高更伟大又凄惨的一生。我的理解是，月亮般美好的精神追求，在现实生活中连五毛钱都不值。这两个比喻多棒！阿来的小说《尘埃落定》大概是说，有很多大大小小的尘土用各种不规则的方式，落在高低不均匀的土地上，而这些尘埃是指"人"，也是很有意境的比喻。

我觉得大家起标题时可以坚持自己的想法，甚至可以试试如何让标题有作用，吸引读者的眼球，但千万不能沦为标题党。因为一旦沦为标题党，可能就会形成另一个思维定式。

作家张大春先生曾经点拨过我，告诉我怎样练习起标题。

写出好标题难在哪儿呢？难在我们不知道标准，各抒己见。在前文，我把很多好的标题拿来举例，但同学们可能不以为然，有的人用怀疑的目光，甚至有的人露出了唾弃的目光，认为刚刚拿来举例的标题根本就不好。

标题确实有个人评判原则上的分歧，但是起好标题的规律是不是有呢？我借鉴张大春先生的两个办法稍微发挥一下。

第一是你可以选一些佳作名篇，或者长篇著作的片段，只要是你觉得好的就可以。精读以后为这段文字起一个标题。如果原作已有标题，那你可以比较，甚至跟人讨论一下优劣，是你起得好还是原作起得好。比如《静静的顿河》是一本非常厚的著作，我们可以选择其中的一段，重新给它取个标题，然后看看这个标题起得准不准确。还有一些佳作名篇，你也可以试着给它改个题目。比如朱自清的《荷塘月色》《背影》，你可以想想如何再给它起个比《荷塘月色》或《背影》更合适的名字。你们觉得有这种可能吗？有，真的有。

1949年后要重新编写语文教材。叶圣陶先生带着一帮年轻的编辑，把选好的文章编入教材。这时候，他们遇到了一些情况。他们发现一些好文章的标题有些问题。比如朱德写的文章《母亲的回忆》。他们看这篇文章的内容写的明明是回忆母亲，怎么叫母亲的回忆呢？实际上朱德的意思是来自母亲的回忆，或者我母亲自己的回忆。但是为了有文采，为了文章在格调上好看，字样、节奏上好看，就起标题《母亲的回忆》。编辑们就问叶圣陶先生怎么办。叶圣陶先生说很容易，写一封信征求作者的意见。于是他们就给朱德写了一封信，说这篇文章我们想放到语文课本里，但是标题我们认为有问题，能不能改成《回忆我的母亲》。朱德同意了，所以我们看到的课本里的就是《回忆我的母亲》，而不是《母亲的回忆》。还有一篇是郭沫若先生写的《天上的市街》，编辑们又拿到叶圣陶先生面前说，文章内容写的明明是天上的街市，但标题是市街。其实我个人还挺喜欢市街的，显得特别有文采，但课本就是课本，孩子们可能以为这就是正确的，以后就会没完没了地用。编辑们就给郭沫若先生写了一封信，郭沫若先生回信同意修改，所以《天上的市街》在我们的课本里就改成了《天上的街市》。

我希望我说的这些小例子对你们有帮助。标题不是不能改，都能改。而且我一直觉得朱自清先生的《荷塘月色》，标题起得特别平。我反倒是特别喜欢《背影》，因为文章本来就是写父亲穿过铁道给他买橘子，这里面有特别复杂的感情，但是他偏偏用"背影"这两个字概括。这很奇妙，比如同样是这个故事，对我们任何人，我估计能想到用"背影"做标题的不会多。朱自清先生确实能总结出很多别的意境或者意思来。

第二是材料作文，用一段故事或者情景写成一篇文章，最后再定标题。给你一些材料，这些材料看上去有点儿关系，但关系又不那么紧密，让你用这些材料写出一篇作文，最后还要给它命题。这个难在哪儿呢？我觉得难在组织材料的时候就必须得想标题，因为标题来自你的内容，是你用这些材料总结出来的中心思想。如果你连材料都看不明白，你的文章肯定写不好，所以这是一个特别好的训练方法。我们以前做《谢天谢地，你来啦》的时候，经常带着大家做喜剧训练，会写很多材料。把一张一张的纸扔在桌子上，让每个人抓五张。这些材料之间毫不相干，但你要把它们组成一个故事，这个故事通常只能是喜剧的。我们用这种方式来锻炼大家的跳跃性思维。

有本书列举了标题的十个忌讳：忌题不对文，忌态度暧昧，忌拖泥带水，忌含糊其词，忌陈词滥调，忌深涩难懂，忌矫揉造作，忌虚无缥缈，忌言语轻浮，忌面目可憎。看完是不是觉得起标题挺难的？水平不够怎么办？我的绝招就是先照顾人品好就可以，起标题实在点儿，想什么就起什么样的标题。比如，2000 年的时候，《实话实说》栏目组做了一个节目，关于云南的一个"亲牛鉴定"的新闻。赵家丢了一头小牛，几个月后，他从山上找到一头像自家走失的牛，对方否认是他家的牛。赵家硬是花了几头牛的价钱 7000 元，凭着一份权威机构出具的《牛的亲子鉴定报告》赢得了诉讼，牵回了自家的牛。这期节目的标题就叫《谁牛谁知道》。这个标题里有两层意思：一是谁的牛谁自己知道；二是不论对方有多大的势力、多么巧舌如簧，只要有科学证明，相信法律、坚持正义，就知道到底是谁的牛。

下面是《实话实说》《小崔说事》部分节目的标题：

1.《拾金不昧要不要回报》《捐款结余怎么办》《该不该减肥》《夫妻是否需要一米线》《谁来保护消费者》《风景区要不要修索道》——都属于开门见山，直奔主题。

2.《哎哟，爸爸》——口语化，表达对爸爸的复杂情感。如果亲人之间出现问题，能不能用这种戏谑的方式、轻松的心态对待。

3.《画里有话》——漫画家朱德庸的故事。

4.《噩梦醒来是清晨》——探讨抑郁症，想让抑郁症患者有一些希望。噩梦虽然非常难受，但它终有醒来的一天。让大家看到题目，就觉得有希望。

5.《老师，对不起》——史国良的忏悔，千言万语最后就是一句话。

6.《谁动了我的玉米》——生态好了，野猪多了，延庆陆大爷田里的玉米却遭殃了，他该找谁？

7.《莫名其妙》——三个男人喜欢上了和他们出身、地位、文化、环境都不相干的事情。

当年在《实话实说》栏目组，我一直提倡做节目先做人，做人得讲道理，讲道理就得弄明白人的价值和意义，要弄明白这些就需要思想，有思想你才知道该做什么节目，怎么做节目。就是这个道理！

如何写个好的开头

　　写作文难不难？不难。你只要做好三件事就行：想一个好的开头，想一个好的结尾，然后从头写到尾。什么叫好的开头？什么叫好的结尾？我们一直在探讨这个问题。我劝你们千万别在写作之前背上三座大山，给自己设定目标说一定要写一个好的开头，否则你们就有可能写不下去，心态被完全打乱了。因为作文的开头是有不同的验收标准的，有的人认为这样好，有的人认为那样好。这个验收标准，就在每个写作者自己的心里。就算我们精心设计一个开头，也许仍会陷入误区。我们构思很久，觉得这个开头很好，能把读者"镇住"。但是很有可能一写就失败了，这会让你丧失信心，会让你觉得作文根本就不存在什么好的开头。但是我觉得好的开头是存在的，我们可以从另一个角度去验收它的功用。什么叫功用？就是它有什么用，为什么要用这个开头？我希望我讲的这些内容，对你们平时说话也有用。当你决定要和其他人交流的时候，你得考虑从哪儿说起。这不是随机选择的，你在思考要

　　　　　　　　　　　　　　　　　　　崔永元：名师作文课（实战篇）

这样做的时候，你一定要知道它有什么用，你才要这样做。

早先，我写作文开头时，到处找书。名师们总结的开头策略有三条的，也有七条的。我见过最多的居然总结了十条，抄录如下："一是交代写作动机，二是揭示全篇内容，三是开门见山点题，四是利用精彩事例，五是交代写作背景，六是引用神话传说，七是进行议论抒情，八是引用名人名言，九是进行景物描写，十是提出设问启后。"这些方法我都试过，但我觉得这些不好记也不好用。听我的，好的开头只有两条原则："先让人记住，再让人明白。"

比如《三国演义》中的第一句话："话说天下大势，分久必合，合久必分。"在这句话之前还有一首《临江仙》："滚滚长江东逝水，浪花淘尽英雄。是非成败转头空。青山依旧在，几度夕阳红。"念也念得，唱也唱得。《红楼梦》中的第一句话是"此开卷第一回也"。《水浒传》的开篇诗曰："绛帻鸡人报晓筹，尚衣方进翠云裘。九天阊阖开宫殿，万国衣冠拜冕旒。"《西游记》的开篇诗曰："混沌未分天地乱，茫茫渺渺无人见。自从盘古破鸿蒙，开辟从兹清浊辨。"四大名著里开头好的只有《三国演义》。

列夫·托尔斯泰的作品里开头最好的是《安娜·卡列尼娜》："幸福的家庭都是相似的，而不幸的家庭却各有各的不幸。"还有一种翻译更直接："幸福的家庭家家相似，不幸的家庭各个不同。"我印象中还有一个好的开头："老槐树上吊着一个人。"这是小说《平原枪声》的第一句。有的人可能质疑这些不是作文是小说。这些当然也是作文，作文不以长短论。

八一电影制片厂有位女导演王少岩，有才华守纪律，领导让拍哪部电影就认真去拍哪部。八一厂的导演们爱拍战争片，分到王少岩就剩下一部歌剧片《红鹰》了。片子拍完很成功，但没有战争片的动静大。下一轮分片子，分到王少岩的又是一部歌剧《红珊瑚》。王少岩没有抱怨，她认为上一部歌剧片不是不好，而是没有一首能满世界流传的好歌。这回，她像布置写作文一样，要求编剧赵忠和单文写一首好听的歌放在开头。"一树红花照碧海，一团火焰出水来，珊瑚树红春常在，风波浪里把花开。哎！云来遮，雾来盖，云里雾里放光彩。风吹来，浪打来，风吹浪打花常开……"后来，这首歌被正式纳入歌剧中，穿插着唱了三遍，流传至今。如果这是一篇作文，头开得可真棒啊！好的电影歌曲能让你完全忘了电影，比如《大海啊，故乡》（电影《大海在呼唤》的插曲）、《敖包相会》（电影《草原上的人们》的插曲）。

说了先让人记住，再说什么叫让人明白。有人物让人物登场，说事情让事情开端。单口相声和说评书的演员一开场，先要来首定场诗。一是让现场安静下来，把观众们的注意力集中起来。二是为即将演出的内容做简要介绍。说白了是让各位看官掂量一下值不值得听，值不值得看。定场诗这么重要，一定得有点儿绝招，通常是一个"包袱"。"天上冷嗖嗖，地下滚绣球。有馅是包子，没馅窝窝头。""铁甲将军夜度关，朝臣待漏五更寒。山寺日高僧未起，算来名利不如闲。""大年初一头一天，过了初二就初三，初一十五半拉月，六月三十整半年。"

在作文中，开头未必指第一句，可能要兼顾到第一段甚至第二段。这是由前述所指任务决定的。你不会忘了前述所指任务吧？先让人记住，再让人明白。适时重复亦能起到强化作用。

你们看过《茶馆》吗？可能很多人看过书、话剧、电视或者电影。现在咱们就当话剧《茶馆》是一篇作文，它真是有一个好的开头。为什么这么说？因为它的群戏特别难，大幕一拉开，舞台上有那么多人，每个人都在说话。这些人中间除了来回走一圈的群众演员，绝大部分是后三幕要上场的人物。从理论上来讲，我们演一出话剧，或者写一篇作文，除了要把故事发生的年代介绍一下，人物挨个儿介绍一下，还要把背景介绍一下。怎么办，谁来介绍？如果是王掌柜站在门口给大家讲，我们的茶馆是什么时候开的，他讲完就得一个小时，还怎么开头呢？

老舍先生想了一个非常聪明的办法，设计了一个人物叫大傻杨。这个大傻杨是个要饭的，以前要饭的都会"莲花落"（也有叫"数来宝"）。一开场，老舍设计的那个人物大傻杨就打着板说："我大傻杨，打竹板儿，一来来到大茶馆儿。大茶馆，老裕泰，买卖兴隆真不赖。茶座儿多，真热闹，也有老来也有少；有的说，有的唱，穿着打扮一人一个样；有提笼，有架鸟，蛐蛐蝈蝈也都养得好；有的吃，有的喝，没有钱的只好白瞧着。爱下棋，来两盘儿，赌一碟干炸丸子外撒胡椒盐儿……"讲茶馆里各种各样的人，这就是他的作用。他讲完，这个戏就开始了，舞台吊灯也跟着配合，照到谁，谁表演；照到哪儿，哪儿有声音——其他的区域都是黑的，这样就把每个人都介绍了。

请大家跟着我的思路重新回想一下，这是一篇作文的好的开头吗？太好了！是不是？这样一个开场，非常简单地就把所有的人物和事情都介绍清楚了。结构都搭起来了，再具体到每一桌的戏，就是一篇特别好的作文。

如何谋篇布局

经常有人问我："崔老师，你以前写作文的时候，是先构思好了再动笔，还是信手拈来？"我说："你开什么玩笑？我还用构思吗？当然是提笔就写，一边写一边想，想写成什么样就写成什么样，而且写得行云流水，妙笔生花。写完如果有老师表扬，以后就照着这个思路继续写；如果老师说这篇写得不好，下次就不用这个思路了。"他接着又问："我们老师说写文章就像盖房子，要先画好图纸，也就是构思好，再动笔。"我说："你们语文老师是建筑系毕业的，盖房子可以这样，但是写作文还真的不能这样。"

动笔之前，是先想清楚立意、人物、故事、情节结构、开头和结尾，然后再写？还是想不清楚也没关系，写了再说？今天，我来谈谈这个问题。

老舍说："尽管我们要只写二三千字，也须先写出个提纲，安排好头一段说什么，第二段说什么……有了提纲，心里有了底，写起来就能顺理成章；先麻烦点，后来可省事。"

博尔赫斯说："当我要写点什么东西时，我的感觉是，这些东西事先就存在着。我从一般观念开始，大致上知道开头与结尾，逐步发现中间的各个部分。但我并没有感到我要去发明这些部分……事物本身存在着……我的任务就是去发现它们。"

你看，都是大作家，说同一件事，想法却挺不一样。咱们接着再看看其他大作家是怎么说的，基本上也不太一样。

作家朱天文有人知道，有人不熟悉。她的许多小说被著名导演侯孝贤拍成了电影，也是跟侯孝贤合作最多的作家，比如《聂隐娘》《海上花》《悲情城市》《恋恋风尘》《冬冬的假期》《小毕的故事》。朱天文在回答"事件是怎么编排的？"这一问题时，说："要从建立人物而来。事件既不能开头就去想它，也不能单独去想，它永远是跟着人走的……所以你要先把人物想清楚，直接进入人，面对事物本身。当人物皆一一建立起来时，结果虽可能只是采用了他的吉光片羽，但那都是结实的。显现的部分让我们看见，隐藏的部分让我们想象。那么环绕它从现在到未来衍生的任何状况，都是有机的。"也就是说，留在你脑海里的那些片段，哪怕是幻想出来的，都应该是活的。

马尔克斯说《百年孤独》小说的基础是这句话："多年以后，面对行刑队，奥雷里亚诺·布恩迪亚上校将会回想起父亲带他去见识冰块的那个遥远的下午。"他在解释为什么开头的这句话成了整部小说的基础时，是这样说的："我写《百年孤独》前的第一个想法，第一个形象——因为我写一本书前最先产生的东西是一个形象，不是一个概念或观念，是一个形象——是一个老人领着一个孩子去看冰块。这个形象的原型是我外祖父。"你看，也是一个人物形象，跟朱天文说的一样。

朱天文继续解释作品结构与整体的关系，说："也有另一种结构的方式，无所谓主题副题，可以说每一片段都是主题。"她说的是结构方式无所谓，主题、副题、每一个片段都是主题，要像对待主题一样对待每一个片段，把每一个片段都当作主题，而把善待每一个片段当作规则。这是不是特像我们生活中说的要善待每一个人，善待每一件事，善待每一幅作品？

侯孝贤在思考剧本时，喜欢许多与叙事发展似相干似不相干的东西，而且他排斥因果关系的直接剧情。那些不相干的东西里丰富的趣味和生机，永远吸引他从叙事的直线上岔开，采以不规则的蔓延。如果想出来的每一场戏，都带有作用和目的……一个连一个的，侯孝贤立刻就显得不耐烦，龇牙咧嘴道："太假了。"什么是不规则的蔓延？如果你的每一场戏都有用，都有一个连着一个的目的，那就太假了。生活中有很多事，其实就是漫不经心的偶遇。朱天文和侯孝贤教给我们的方式就是用心对待每一个片段，把每一个片段都当作主题。如果把善待每一个片段当成写作文的规则，文章的结构问题可能就解决了。

我对侯孝贤的想法深有体会，记得以前做《实话实说》和《小崔说事》栏目的时候，经常会出现嘉宾说着说着就跑题了的情况。作为主持人，我要考虑录制的时候要不要打断，后期剪辑的时候要不要剪掉。后来我发现，有的跑题要剪掉，有的跑题虽然跟谈话主题无关，但是它的内容有趣、有价值，甚至起到让观众更深入了解这个嘉宾的品格、性格和生活背景的作用，这类的跑题就统统保留了下来，这也是这些谈话节目特别耐看、特别有人情味的原因之一。我们有时候称之为"意味"，其实就是朱天文说的"不规则的蔓延"。

斯蒂芬·金也说过"不构思"的观点。他强烈反对写作者事先构思故事情节。他认为构思的情节永远比不上在写作过程中，让故事自己发展出来的情节。他的作品创意，有时候就来自一个有特点的人物原型，有时候只是感觉这个人物有可能会做一件与众不同的、特别的事情。比如，那个绑架了作家的书迷，也就是《危情十日》的故事，他说他只是有次打盹儿，梦到如果一个偏执的女书迷遇到自己迷恋的作家会做什么，几乎就是几行字的事。然后，《危情十日》的创意就立住了，接下来他只是根据人物特征让这个故事在自己笔下自然发展。

现在的孩子们写作文时可能开头、结尾、中间都要想好，然后一气呵成，因为一堂课就得写出来。高考的时候，两个半小时内要把作文和其他内容都写出来，所以没有那么多的时间让你去善待每一个片段。要不然就先把它放在一边，要不然就从日常开始修炼，就这么两个方式。

斯蒂芬·金认为，写作像考古发掘，那个东西（故事）就埋在地底下，你要做的，就是小心翼翼地把它尽可能完整地呈现出来。这像不像博尔赫斯说的："……这些东西事先就存在着……"所以，有时候大师们的观点惊人地一致，可能就是他们找到了真实有效的规律。

讲到这里，我做个小总结：古往今来的大师们写作文的时候既有构思派也有自然衍生派。咱们分别捋一捋这两派。

先说说自然衍生派，在文学写作方面，这一派居多。自然衍生派就是一个人物、一个故事、一个梗概怎么开始让它自然生发。许多大作家有这类的描述。

巴金曾经这样说到他的创作："我写《家》的时候，仿佛在跟一些人一同受苦，一同在魔爪下面挣扎。我陪着那些可爱的年轻的生命欢笑，也陪着他们哀苦。"你们可能不知道一个背景，巴金在写《家》的时候，他的哥哥自杀了。那时候他已经写了《激流三部曲》的一部分，收到了哥哥自杀的电报，当时就把写过的所有东西都撕碎扔掉了。当你知道这个背景的时候，你再重新看《家》，这本书好像从头到尾都有一种压抑悲哀的气氛——他不让一个人快乐，不让他们有一个好的结局，永远是在人们高兴的时候，有一个不高兴在那儿等着。我觉得这跟巴金心里的疙瘩特别有关。自然衍生派就是作家有了这样的心情，整个作品就衍生在这种气氛中。

陈忠实说他把小娥写死的时候，自己快陪着一起死了。他接受我采访的时候是这样说的："鹿三从背后捅了她一梭镖，小娥回过头叫了一声：'大呀！'然后就死掉了。写到这儿的时候啊，我当时眼睛就黑了……其他人物也有死亡的时候——当然，一个生命的终结，我也有感伤——但没有达到小娥死的时候，让我两眼发黑这样一个状态。"我还问他："你这么爱小娥，为什么不让小娥继续活着呢，反正笔在你手里。"他说不行，情节发展到这里，小娥就是活不下去了，而且主要人物在长篇小说写了不到一半的时候就死亡了，是创作忌讳，但是，他觉得这是没办法的事。他说笔确实是在他手里，但那些人物是活的，他没法掌控他们的命运。

马尔克斯也说过类似的感觉，他说："我描写奥雷里亚诺·布恩迪亚上校之死的时刻可能是我一生中最令人难受的时刻之一。我上了楼，梅赛德斯（他夫人）在午睡，我躺在她身边。她看出了我的沮丧，问我：'他死了吗？'我说：'他死了！'我哭了两个小时。"他的夫人知道，上校要死了，对他们来说这是一个过不去的难关。

法国作家福楼拜也哭过，据说他像小孩似的坐在地上痛哭。他哭也是因为他写的长篇小说《包法利夫人》里的主人公包法利夫人快死了，他就哭起来了。如果能见到他们，人人都会说一句话，你可以让他不死，笔在你手里。但是他们都说，当他们写到那儿的时候，他们决定不了他们的命运。所以才会有这个伟大的福楼拜，才会有这个包法利夫人，而不是另一个夫人。

为什么几代人痴迷于他们的作品，就是因为它们是作者用生命写出来的。我现在讲的是他们用生命写作的这种体会，但我们掌握了这个体会，仅仅是为了写一篇作文就太廉价了，所以我觉得可以把写作文当作自己人生的一件大事，或者当作人生的一部分，这么对待可能才不会问，怎么开头，怎么结尾，而是会想怎么去体会这个社会，怎么去体会一个人的心灵，怎么通过一双眼睛看透这个世界的规律和它运转的方式。到那个时候，我觉得写作对于我们来说就不是一个简单的任务了，可能是一种享受、一种研究、一种非干不可的事了。

怎么才能让笔下的人物自己动起来、活下去，甚至走上绝路呢？毕飞宇说作家一定是一个善良的人。他说："在他面对人物的时候，在他面对文字的时候，在他面对作品的时候，他一定要善良，哪怕他写的是一个恶人。在道德意义上他很恶，可你永远不能忘了，他是你笔下的人物，他是你作品中的人物，一定要善待他。善待他特别简单，怎么样叫善待他呢？并不是我写他每天吃肉喝酒，让他抽最好的烟、穿最好的衣服，那就是善待他。就是你让他这气得顺，你得花很长很长的时间，给他时间，很耐心地陪着他，知道他是谁，知道他怎么样去做事情，他才是顺的。"他还说："我体会最深的一句话就是，所谓写作就是和人相处……你得耐心地在你虚构的那个世界里面，非常非常耐心地跟他相处，要花很多很多时间。"

毕飞宇是坐在自己安静的书房里，耐心地跟自己笔下的人物相处的。而据说法国作家巴尔扎克写到入情入景时，会穿起他小说中虚构人物的衣服，对着镜子做各种古怪的动作。

再说说构思派。

有人说谋篇布局是构思派的核心理念，首先考虑的就是主题要明确，主题确定了以后坚持它。

明朝戏曲作家王骥德有过极为形象的比喻。他说："写文章诗词就像造房子。先定规式，自前门而厅、而堂、而楼，或三进或五进或七进，布置几间厢房，厨房、浴室、小花园、亭子在哪儿？前后、左右、高低、远近，尺寸无不了然胸中，然后才开工。"这个比喻，历来受到人们的重视。也就是说，动笔之前谋篇布局很重要。你造这个房子是干什么用的，是住家、开餐厅，还是开酒店？然后你才能决定是三进或五进或七进等这些功能。

英国大作家毛姆说你必须努力想清楚自己到底想说什么，然后死守不放。其实，当我们不讨论主题的时候，我们会觉得毛姆说的非常没用，但是现在我们开始讨论了，我们明白他说的是什么了，为什么要守住不放，为什么要找出这个核心。想清楚自己到底想说什么其实并不那么容易，举个例子，《水浒传》大家都看过，其中很多人物的性格有粗鲁的一面，比如鲁智深、史进、李逵、武松、阮小七等，但他们是一样的吗？他们是怎么粗鲁的呢？他们的粗鲁有区别吗？有。仔细想想我们每个人都能说出他们的区别吗？看看金圣叹的总结，他说："鲁智深什么事都着急；史进的粗鲁是少年任性，想怎么干就怎么干；李逵的粗鲁是蛮，动不动要把这个砍了，把那个砍了；武松的粗鲁是豪杰不受羁，我是个武士别谁都管我；阮小七的粗鲁是悲愤无说处，于是就鱼死网破。"所以你看看，仅仅是粗鲁这种性格就有这么多不同的地方，这些不同决定了人物都不一样。所以构思很重要，当我们决定写一个粗鲁的人，当我们准备写一个亚洲二流球队，当我们想写一个独特的足球教练时，我们一定要构思好他是一个什么样的人，然后再坚持不懈地写下去。

我们比较熟悉的应该是《我的母亲》《我的父亲》《我的爷爷》《我的学

校》等标题，如果我们现在要写一篇《我的父亲》，这应该是大家最熟悉的人，你可以想父亲是个什么样的人。你是写父亲的正直，还是有爱心？如果写正直，又是怎样的正直？如果写他的爱心，是写他泛泛的爱心，还是写他让你感动的爱心？哪一点最代表父亲的个性和为人？你继续问下去，你才能明白自己到底要写什么。关于父亲，我们可以问自己一百个为什么，然后再定下来写，写的时候就不要再摇摆了，这既然是你从思考中筛选出来的，就不要再犹豫了。

我们都知道朱自清的《背影》。他写了父亲的一个背影，比写他父亲的正面还经典，还源远流长。我觉得这个就是他把自己跟父亲的接触、经历，一幕一幕地像电影似的演了一遍。而他记住了这个背影，不但能体现他父亲的品性，也特别有画面感，让我们也记住了一个父亲。这个父亲把孩子放在心上，孩子临走了觉得没有什么可做，也要穿过几条铁道，去给孩子买几个橘子。就像刚才毛姆提醒的，找到了写作的主题，就要死守着不放。

一般人提起笔来就写，写到哪儿算哪儿，还有的是因为对题目不熟悉，慢慢地就往自己熟悉的方面写，容易跑题偏题。比如让你写"背影"，可能写成了"正面"；"我养成了一个好习惯"会容易写成"我如何改掉坏习惯"；"一件童年趣事"会写成一件高兴或激动的事情。怎样才能死守不放？答案是三个字——"关键词"。抓住一个关键词写，不断回到自己最初的想法或者主题，死守着它就对了。我给它总结成两个字——"利益"。你也可以记住"关键词"，也可以记住"利益"。把这件事想明白了，对你的写作特别有好处。什么叫利益？就是我想干什么，我想说什么，这样我们才能知道怎么干、怎么说、怎么写。比如说标题叫《一件小事》，我想说一件小事，我想说一件大事也是小事，我想说世界上没有小事，我还可以说没有什么大事，天下再大的事也是小事。这都是利益，有了这样的利益以后，你的一件小事才能写起来。其实写作这件事是非常主观的，一件小事就是非常主观的，你觉得是小事，我觉得是大事。所以我觉得关键词也叫"利益"，要先把这个记清楚。我原来做电视节目的时候，经常有人说一句话："不要因为走得太远，而忘记了为什么出发。"就是这个道理，观众看我们做电视节目的，如果出去拍新闻，扛摄像机的只能拍别人，而不能把自己拍进去。

据说，某年某地高考模拟考试，作文题目是《我的母亲》，一位同学把标题看成了《我的母校》，写了一半才发现，怎么办？考生急中生智，加了一段文字："我是一个孤儿，一直在校园中成长，我的母校就是我的母亲！"居然得了高分。这是把自己拉回来的方法，我当然不提倡这种急中生智，把自己说成孤儿也不好。作家写散文能做到形散而神不散，就是死抱着自己的主题。

明确到底要说什么，接下来才能谋篇布局。大家应该看过欧·亨利的《警察与赞美诗》，无家可归的流浪汉苏比，因为寒冬想去监狱熬过，所以故意犯罪，结果六次皆未得逞，后来他准备悬崖勒马、改邪归正。我们看到这里都屏住呼吸，以为他有重新做人的希望，可就在这时，苏比被捕了。故事波澜起伏，结局出人意料，却又在情理之中，是一篇构思非常奇妙的短篇小说。

除了短篇小说，在写作中还有一类，就是电影、电视剧、舞台剧，事先对结构进行精心布局是更常用的办法。比如，曹禺先生的《雷雨》采取的就是锁闭式的结构模式，登场人物、活动地点、活动时间尽可能简约和集中，剧情从危机爆发开始，步步逼近高潮。它将前后30年间周、鲁两家许多矛盾冲突集中在一天之内。曹禺曾说他的《雷雨》"太像戏"了。太像戏无非是在结构上非常下功夫，这也是标准的戏剧结构法。

谋篇布局之后，到底如何写这篇文章呢？四个字：起、承、转、合。

崔永元：名师作文课（实战篇）

我特别爱看侦探电影，看多了发现其实只有两种类型的侦探电影。一种是跟着电影剧情破案，电影演到最后，你才知道是怎么回事。比如《尼罗河上的惨案》，在前面埋下很多伏笔。第二种是电影一开始就破了案，整部电影就是在讲破案的过程。"起、承、转、合"就是这么回事。

中国古代诗歌构思巧妙的就更多啦。有一首很特别，是唐代诗人金昌绪创作的五言绝句《春怨》，写妻子思念边疆丈夫的诗歌。"打起黄莺儿，莫教枝上啼。啼时惊妾梦，不得到辽西。"一共四句，大概是说，把树上的鸟打走，别让它一直叫啦，老叫把我的梦都惊醒了，让我梦不到我远在边疆的丈夫。你看，一个妻子对自己爱人的想念，居然从把鸟赶走开始说，把思念爱人的情感描述得如此生动。这首诗不但构思巧妙，而且蕴含着中国文人写文章诗词的一个重要的逻辑线索，就是"起、承、转、合"。这四句诗完全反映了"起、承、转、合"的完整结构，古人说不仅"摘一句不成诗"，而且"中间增一字不得，着一意不得"，是意脉贯通、逻辑联系紧密的范本。许多人觉得，利用这四句五言诗来解释诗文的逻辑线索，的确能起到举重若轻、化难为易的作用，建议大家背下来。

掌握"起、承、转、合"的逻辑线索，为我们谋篇布局提供了重要的武器，也更容易理解大多数文章的结构。比如《孔雀东南飞》，"起"是夫妻感情很好，婆婆却不满意；"承"是妻子主动请求被遣回娘家；"转"是在再嫁过程中却出乎意料地自杀了；"合"是人们把夫妻俩合葬，以象征夫妻再团圆。你看，你可以这么去掌握一篇文章的逻辑线索，也可以为自己要写的文章谋划一个逻辑线索。

我再说说"起、承、转、合"的具体运用。首先是"起"，起就是开头。开头应当"开门见山"，已经快成为有定论的说法。因为开门见山容易迅速进入主题，也符合人们接收信息的心理习惯。臧克家的《有的人》是一首新诗，热情赞颂鲁迅"俯首甘为孺子牛"的革命精神。为了突出这个主题，诗的起始段开门见山地捧出人生哲理："有的人活着，他已经死了；有的人死了，他还活着。"运用两组对立的概念，造成强烈的悬念，犹如奇峰突起，警钟骤鸣，一下把大家吸引住了。鲁迅写的《祝福》，采用倒叙，先写祥林嫂在除夕之夜，被冻死、饿死在鲁镇的街头，一个勤劳善良、辛苦了一生的劳动妇女，最后却惨死在大年三十的晚上，而这时财主人家却正张灯结彩，一派喜庆气氛。这是多么强烈的对比和反差呀！这就是鲁迅写《祝福》的方式。

开头的开门见山给后面"承"和"转"做了很好的铺垫，展开起来水到渠成。比如《祝福》的开头，自然就产生了一个疑问，祥林嫂怎么就会无依无靠地惨死在大年三十？臧克家《有的人》开头就说"有的人活着，他已经死了；有的人死了，他还活着"。为什么这么说？读者就带着问号跟着文字前进了。这时候鲁迅先生再娓娓道来，讲述祥林嫂第一次来，又被带走，第二次回来但是已经不再伶俐，开始让人"厌烦"的过程，不看下去已经不行啦。祥林嫂的命运也安排了两次转折，第一次来鲁镇当杂工，虽然忙累，但"口角边渐渐的有了笑影，脸上也白胖了"。第二次哭诉自己的悲惨改嫁过程，又留了下来。两次看起来命运开始走向好的，但是立即又掉入现实残酷的陷阱。《有的人》提出人生的实质性问题后，诗进入第二层次。分别对虽死犹生和虽生犹死的两种人具体描写，写他们对人民的态度、对个人名利的态度和对生活目的的追求。第三层次写人民对这两种人的态度，结构也很简洁明了。

托尔斯泰创作《安娜·卡列尼娜》时，努力学习普希金的《宾客齐集在别墅中》这个未完成的文艺片段所使用的"开门见山"的手法。托尔斯泰说："要写作就应该这样写，普希金总是直截了当地接触问题。换了另一个人，一定会先描写客人，描写房间，而他却一下子就进入了情节。"如果不算《安娜·卡列尼娜》开头那几句道德教训式的警句，它等于是完全学习普希金的，一开头就要读者被吸引进奥布朗斯基家的一大堆事件中。"奥布朗斯基家里一切都混乱了"，究竟什么混乱了，读者还不知道，他们要看到后面才会知道。但这句话却开门见山地立即形成了一个情节的纽结，这个纽结之后获得了展开。

最后，我说说修改。大多数的作家建议不要太频繁地停下来修改自己的文字，先写下去，写完了再回头修改。鲁迅就说过："先前那样十步九回头的作文法，是很不对的，这就是在不断的不相信自己——结果一定做不成。以后应该立定格局之后，一直写下去，不管修辞，也不要回头看。"

修改的第一要诀是写完再改。

第二要诀是怎么改？

斯蒂芬·金是开门改稿，什么意思呢？就是自己先改一遍，然后给编辑、亲友看，让他们提意见。马尔克斯却是闭门改稿，就是不给别人看，自己关起门来改到自己满意为止。所以，这事得你自己定。

如何写一个好的结尾

起承转合最重要的是什么？是合，就是结尾，你可以理解成合上书结束了，也可以理解成这个故事完结了。仔细想这个"合"是不是有很多意思啊？是不是有暗合的意思，是不是有合适的意思，是不是有合格的意思，是不是有合辙的意思？你只有合了才叫结尾，否则你就没有结尾。

鲁迅的小说《祝福》的结尾是这么写的："我给那些因为在近旁而极响的爆竹声惊醒，看见豆一般大的黄色的灯火光，接着又听得毕毕剥剥的鞭炮，是四叔家正在'祝福'了；知道已是五更将近时候。我在蒙胧中，又隐约听到远处的爆竹声联绵不断，似乎合成一天音响的浓云，夹着团团飞舞的雪花，拥抱了全市镇。我在这繁响的拥抱中，也懒散而且舒适，从白天以至初夜的疑虑，全给祝福的空气一扫而空了，只觉得天地圣众歆享了牲醴和香烟，都醉醺醺的在空中蹒跚，豫备给鲁镇的人们以无限的幸福。"这是在说节日的气氛，但是祥林嫂死了，在这个漫天烟尘，到处都是爆竹的声音、爆竹带来

　　　　　　　　　　　　　　　　　　　崔永元：名师作文课（实战篇）

的烟火、家家户户飘出过节的香味的时候，她死了。结尾是一个强烈的反差。又说到了除夕，又回到了开头说的大年三十，一派祥和幸福的气氛，一句话也不说祥林嫂，但你的心里却越发吃紧、难受。

一个结尾就有这么大的作用。按照这样的要求，我觉得有时候结尾没有处理好，"起、承、转"就白费了。

明代有人说，一篇优美的诗歌，"结句当如撞钟，清音有余"。比如杜甫的《蜀相》的结尾——"出师未捷身先死，长使英雄泪满襟"，余味绕梁。老舍写的《小麻雀》的结尾也有这种效果："我没主意：把它放了吧，它可能死；养着它吧，家里没有笼子。我捧着它，好像世界上一切的生命都在我掌中似的。我不知怎样才好。后来我把它捧到卧室里，放在桌子上，看着它，它还是那样地愣了半天，忽然头向左右歪一歪，用它的黑眼睛瞟了我一眼，又不动了。可是现在它的身子长出来一些，头挂得更低，似乎明白了一点什么了。"小麻雀原本有伤，又被猫咬，主人公又无计可施，究竟是死了，还是活下来了？它又"似乎明白了一点什么了"。作者全留给读者想象，让人回味，很有意境。

与此类似的还有李春波作词作曲并演唱的《一封家书》。这首歌的结尾就是反复吟唱四个字——"此致敬礼"，也是意料之外、情理之中，当年颇受欢迎。

史铁生的《关于詹牧师的报告文学》的结尾是这样的：还有一件事。詹牧师的儿子给詹牧师写了一篇非常奇怪的悼词，其中有这么一段话："……记得小时候，有一次我问爸爸：'树叶是什么颜色的？'爸爸回答：'绿的。'我又问：'那绿色是什么样呢？'爸爸回答：'就是树叶那样的。'我说：'如果这就是绿色，那绿色又是什么样的呢？'爸爸想了半天，笑了，拍拍我的肩膀。那时候多快乐呀……"

这样的结尾颇像作家张大春说的："文章结在该结的地方固是好处，荡开一笔，更有风姿。"能印证这句话的，还有电影《尼罗河上的惨案》结尾的一句台词："女人一生最大的心愿就是让人爱她。"你看，这一笔荡开，多有风姿。

刘恒的小说《贫嘴张大民的幸福生活》结尾是这样的："母亲朝着迷茫的远方再一次重复了两个字——锅炉！他们消失在幸福的生活之中了。"

老舍先生的小说《我这一辈子》的结尾是这样写的："我还笑，笑我这一辈子的聪明本事，笑这出奇不公平的世界，希望等我笑到末一声，这世界就换个样儿吧！"

《茶馆》的结尾。老舍原著中最后的结局是：小刘麻子与沈处长准备将王利发的茶馆"没收"，然后改造成一家俱乐部，实则是用来收集情报的。就在小刘麻子跑去向王利发说这个"好消息"时，发现王利发已经上吊死了。

在谢添 1982 年拍摄的电影版中的最终结局是：落魄并且对日后生活毫无期盼的王利发、秦仲义、常四爷三人，在给自己撒完纸钱后，镜头画面定格于纷扬飘落的纸钱，然后全剧终。

戈达尔说："一个故事要有好的开头、故事、结尾，但不一定按这个顺序。"美国导演昆汀和我的好朋友姜文导演很好地实践了这个说法，《杀死比尔》《低俗小说》《太阳照常升起》都是如此，特别引人入胜。所以，我再总结一下我写作文的经验：有个好的开头，有个好的结尾；写下去，但不一定按这个顺序。

我想对孩子说，想对家长说，写作文有办法，写一篇好作文并不难。

耿春龙老师说，写作文就是写事情，没事情就得"搞事情"。

为什么要"搞事情"呢？因为解决写什么和为什么写，比怎么写更迫切、更重要。"生活是习作的源泉"，真实事件的复杂性蕴含着对孩子提高认知、语言成长的契机。"搞事情"让孩子有真切的体验、真实的触动和深入的思考。和耿老师一起"搞事情"，让孩子不再感觉没有东西写，再也不害怕写作文，爱上写作文并写出自己的特点。

作文顺利写出来了，怎么改得更好？

互相改、家长改、老师改，又该怎么改？……让写作文变得快乐！

年轻时尚的唐屹老师，吸收国际上先进的教学方法，将生活中的创意运用到作文中，加深孩子对作文概念的理解。生活中寻常可见的汉堡包、饼干、西瓜、奶牛，都可以变成学习写作文的工具。生动活泼的作文课堂气氛，让孩子们不畏惧表达。经过随学随用的逻辑思维训练，在多对一的辩论实战中，我输给了孩子们。

其实，每门课都一样。它关系到每个孩子的成长、每个家庭的和睦、每个社区的素质。

所以，就算你到了我这个年纪，也可以重新学习。

写作文，先要学会"搞事情"

耿春龙

北京中关村第三小学原副校长

北京市语文学科带头人

北京市劳动模范

小学语文名师工作室主持人

在家中"搞事情"，挖掘优质的写作素材

崔永元说：

小时候，我看到"三好学生"上台领奖状，自己却没有，心里很难过。拖后腿的往往是某一门单科没有考好，比如语文，而语文没考好是因为作文扣了很多分。

有的同学花了很大的劲儿，睡得特别晚，不停地学习、练习，可作文就是写不好。

我觉得有两个原因：一是学生没有找到方法，二是老师也没有找到方法。

要学好作文，先找好老师。很高兴，我为大家找到了好老师。

如何让孩子不再为写作文苦恼并且爱上写作文呢？生活中学作文和在课

堂上学作文，有相同之处又有不同之处，重点就在于三个字——"搞事情"。

"搞事情"分为两个部分：第一部分是如何在家庭中"搞事情"，第二部分是如何到更广阔的社区和校园"搞事情"。

为什么要"搞事情"

大人有时太着急，总希望给孩子一些作文方法上的指点，但实际上，教再多的方法，孩子有时也不知道从哪儿下手——解决"写什么""为什么写"，比"如何写"迫切。

比如，老师出了一个题目，学生一看，没有想写的东西，也不知道为什么要写、读者是谁。

巧妇难为无米之炊，只有搞一点儿事情，有事情可写，孩子们才会写出真实的心得体会。

其实，写作除了自我表达之外，还承载着与人沟通的功能。

我女儿上初中时，在期中考试备考阶段，老师做了如下布置：找两篇文章，一篇文章写人，一篇文章写事，好好学一学，以便考试的时候能派上用场。

为了帮女儿，我找了当时发布初中生作文的四个网站，结果发现了四个问题：

第一个问题是老掉牙的习作材料。

网站上的习作材料基本上和我小时候的差不多。写人就是写老师，偶尔有保安叔叔、清洁工阿姨，连写爸爸妈妈的也不多。

第二个问题是主题视野狭窄。

如果写妈妈，写的事件就是生病的时候妈妈照顾自己，基本看不到新鲜事件，好不容易看到一个有点儿新鲜感的是"妈妈教我炒菜"。可我按照作文里炒菜的流程"操作"了一番，根本炒不出来，这说明"流程"写得不真实。

第三个问题是千篇一律的谋篇布局。

好的作文应该是除了能从头到尾把事情讲清楚，还得有技巧，让人爱看。

那些落入俗套的文章叫"新八股文"，总写这类文章的孩子未来难有创意。

第四个问题是语言表达毫无特色。

每个人都有独特的表达方式，遗憾的是，我看了四十几篇作文，看不出区别，分不出哪篇是张三写的，哪篇是李四写的。

在生活中，有的同学说："老师，我太爱您了，您怎么昨天没来呀？"有的同学说："老师，我作业没有做好，您现在有时间吗，可以帮我讲讲吗？"

每个人说话时的语气、语调、用词、逻辑全都不一样，但一落笔写作却变成了一个样。

以上种种问题，如果仅仅在写作技巧和方法上下功夫，那肯定是没找准着力点，让作文失去了平衡。正确的做法是从源头抓起，源头就是"搞事情"。

刘勰在《文心雕龙》里有这样一句话："故情者，文之经，辞者，理之纬；经正而后纬成，理定而后辞畅：此立文之本源也。"意思就是，写文章得有自己的体验感受，要用自己的语言风格讲出自己的认识和情感体验。

孩子写作缺乏素材，是因为平时对生活的参与度太少，在写作时自然无话可说。我们要"搞事情"，目的就是制造写作素材，激发孩子对于生活的感悟。

怎样才能做到让孩子有自己的体验和感受呢？有以下几点原则是大人需要先了解的：

1. 孩子在写作前，需要有真切的体验、真实的触动和深入的思考，也就是"我手写我心"。

2. 孩子的习作能力，一定要与观察、理解、分析、联想、推理、判断以及好奇心、探究力等协同发展。我观察到一个现象：最不擅长将教学经验演讲出来的人，往往是语文老师。语文老师在分享自己的观点时，语言表述总有小学生习作的感觉。事实上，在社会中那些解决问题能力很强的人，语言表达能力、书面表达能力都很强。所以，想学好写作，只盯着写作落实在笔尖的那一个环节肯定是不够的。

3. 真实事件的复杂性往往蕴含着丰富的语言成长契机。

4. 语言能力与做事能力协同发展，是表现性评价 ① 的重要途径。

总之，家长千万别把自己定位成只是"配合老师"，而是要和老师共同做事，帮助孩子提高写作能力。

可以搞什么事情：让孩子做生活中的有心人

孩子可以搞的事情有很多，我列举了以下六件。

第一件事情叫仪式生活。

比如，在生日、节日、纪念日写祝福信。

---

① 表现性评价，指的是通过客观测验以外的行动、表演、展示、操作、写作等更真实的表现来评价学生口头表达能力、文字表达能力、思维能力、创造能力、实践能力的评价方法。

我和同事曾有一个特别好的尝试：让学生把本班同学的生日在教室里贴出来。之后，每逢一位同学过生日之前，由一个小组的同学分工写生日祝福信。要求写出对这位同学的了解，写出他的个人特征，写出他对班级的贡献，写出他和同学之间的合作，最后再写对他的祝福和感受。

在这个过程中，同伴们朝夕相处产生的友情就在时光里发酵了。当一组七八个同学写出了一封有真情实感的信，收信的同学会被自豪感和幸福感笼罩着。

在家里也一样，可以发动家族成员，把各个亲人的生日写下来贴在墙上，提前给要过生日的亲人写生日祝福信。可长可短，愿意怎样写就怎样写，重要的是表达自己内心的真实感受。

第二件事情叫小鬼当家。

让孩子制作家务安排表、贴心小提示、使用说明书，进行清晰准确的介绍。

有的同学说，爸妈什么都不让我做，只让我学习。这样的同学可以回家告诉父母：什么都不操心的孩子没有前途。联系到作文写作，那就是什么都不关心的孩子，自然无话可说、无素材可写了。

孩子们可以这样做：列出家务的种类，准确地起名字；给家庭成员分配任务，列出家务"值日表"；把做家务要达到的标准清晰地表达出来，做和不做的好处也列出来，最后贴出来。

在我小时候，家里有一个柜子，柜子的高度是我每次开了柜门在抽屉里找完东西，一起身就会碰到头，所以我就在柜门上贴了一个"温馨小贴士"。

这也是家里的一件小事。同学们可以摸索一下家中有没有类似的事情，写一写"小贴士"。比如，你听了天气预报，就可以写一个给家人的"小贴士"：今天，北京的温度是零下14摄氏度，有雪，出门要注意保暖，小心滑倒。

家里有了新鲜的事物，比如买了扫地机器人、空气净化器、烤箱，或者是家里多了一个小宠物，你作为家庭的主人，可以写一份"注意事项说明书"。

很多产品的说明书，我们成年人不愿意看其中的瓦数和功率，但如果一个孩子从自己的视角写一写这个物品的使用说明，就很有意思，孩子也成了生活中的有心人。这才叫"当家"。

一个孩子，在很小的时候先从关心家里的小事开始，长大了关心学校、社区里的事，将来关心家乡的事，未来就能关心世界上发生的事，他的视野会一步一步开阔。

第三件事情是做一个旅游达人。

家庭旅游的时候，孩子可以在出游前列一份旅游计划书，把该准备的物品整理出来，跟爸爸妈妈合作弄出一份旅游攻略。

游玩回来之后，可以做一本游玩后你自己得出的攻略、游记、旅行纪念册，分享到网上去。

这件事特别有意思，现在你可能没有感觉，等你写完攻略发到网上，看到有网友给你点赞的时候，你就会特别有成就感。

第四件事情是写一本《小动物饲养手册》，提高持续观察能力。

很多孩子喜欢小动物，跟小动物感情特别深。一个孩子有一个能够陪伴他的宠物是非常好的，比如，他抱着小狗的脑袋诉说自己的心情："今天我很不开心，妈妈又批评我，就因为一道数学题做错了，扣了两分……"他把不愿意对大人说的话说给小狗听，就有了一个疏解情绪的机会。

这时，家长只要把孩子对小动物说的那一大段话原封不动地记录下来，就是一篇好文章。

语言能力的提高是综合性的，并不是老老实实坐着写一篇像模像样的命题作文就够了。

养小动物，最重要的一个好处是能持续提高观察能力和思考能力。小动物从小到大的变化，非常适合孩子去培养自己对事物的专注力，而且还能在这个过程中激发内心的感悟。

法国昆虫学家法布尔创作了《昆虫记》，这本书里多处表现了法布尔对昆虫细致入微的、用心的观察。

有的孩子养小动物总是养不好，可以思考一下，为什么金鱼死了，是喂食多了还是换水过勤；小仓鼠出走了，那是为什么……解决问题的过程也非常关键，可以成为孩子的写作素材。

第五件事情叫对外发言。

比如，成为大众点评达人、网购评论家、商品测评报告员。

当下网购在生活中占的比重越来越大了，网购来的东西到底好不好，需要有理由。只想到一个理由，仅仅是合格；能想到三个理由，就不一般；如果三个理由之间还能形成一个关联，那就更了不起了。

当家里有人买了东西，孩子可以做一个评论员，把商品的基本信息写下来，发布到商家的平台上去。

之后，有的买家还会向你咨询与商品相关的问题。比如，我买了一把剃须刀，就回答了好几个问题：刀片好用不好用、能用多久；剃须刀充电需要充多长时间，充一次可以用多久，能充多少次，电池不能用了怎么办。

在这种情况下，就可以去网上跟其他买家互动，让孩子说明某个商品为什么好，好在哪里，买家在购买时还有哪些建议。

第六件事情叫练习诗意的语言。

人在生活中一定要有点儿诗意的语言，可以用文字参与互动。

比如，家里养了绿植，在绿植上可以写养护的内容，还可以写跟植物的对话。还有冰箱上的留言贴，孩子可以练习每天写一写有魅力的语言，把这里当作一个练习场。

还有就是写小字条。在我的班级里，不把同学们写小字条当作违反纪律，每周我还会腾出一节自习课，让孩子们互相传小字条，还会传给我。

小字条上面的内容太多了，无法进行归类，有道歉的，有问好的，有约饭的，还有给老师提建议的。

"您今儿穿这身衣服好丑。""老师，您没注意，您的皮鞋三天没擦了，一天比一天脏。"这样的字条我都见过，情真意切。一开始是一两句，慢慢地，字条越来越长了。

原来人与人之间有那么多可以交流的机会，这些内容都会成为传递自己语言魅力的契机。

现场"搞事情"，进行语言训练

生活中可以搞的事情太多了，关键看你有没有心。

大人不要总是试图教孩子做这个、做那个，而是要启发孩子去留心。生活中有很多不起眼的事，都可以成为我们去写、去说的素材。

有一个很好的方法：每个孩子都会有一件特别想要的物品或者想做的事情，这时就可以让孩子回答"我想要……"。当孩子说了"我想要……"，父母要注意收起宠爱之心，提出语言表达的要求。

第一个要求是提出观点，讲清意图。

孩子一说："妈妈，我想要一个机器人。"妈妈千万不能说："今天你表现好，那就买。"

"搞事情"不能搞成"一条线"，得故意"制造"曲折。曲折就是大人给孩子提要求，要求孩子把意图讲清楚。

比如，有同学说"我想养宠物"。这不够具体，还要说清楚养宠物的具体目的是什么，越细致越好，让人家一听就清楚。讲一件想要做的事，也得把时间、地点、具体做什么、为什么要做表达清楚。

第二个要求是提出实证，要有理有据。

如果孩子提出想要一样东西，没有理由和想法就不行。

撒泼、打滚、抱大腿不是办法，得用语言来创造价值，让心愿达成，通过语言的力量达到目的。

孩子要学会给自己想三至五个理由，说清楚"我为什么要"。

比如，有同学说想玩游戏。

凡事有弊有利。孩子可以告诉父母，学习累了玩一会儿游戏调节一下，如果真的感兴趣，将来说不定可以去开发游戏，社会也需要这样的人才。

我们要相信每一个孩子的心愿一定是非常真实、非常善良的，他想做这件事是有理由的。即使有时候父母觉得孩子的要求很过分，也要耐心地听孩子把理由讲清楚，而不要一口回绝。

第三个要求是要有层次，逻辑清晰。

孩子讲不清楚的时候，父母可以提醒，哪里讲得有点儿乱，再整理一次。

第四个要求是态度，要尊重协商。

如果大人对孩子说："没有讲清楚，你再想想吧。"孩子就说："哼，我不要了。"这就是对达成心愿缺乏执着精神。遇到困难就放弃，这不是做事应有的态度。

如果孩子提出来想要养小狗，但是家里并不适合，就可以再沟通能不能养小仓鼠，如果也不合适，可以考虑养小金鱼。

要多角度思考问题，接受事物有多种变化的可能，重在过程，而不是纠结于结果。

"搞事情"的"六要素"

第一个要素是氛围要亦庄亦谐。

"搞事情"的时候别太郑重其事，要亦庄亦谐，既要向真实的生活靠齐，同时又要有点儿设计感。

因为这件事情很明显是"搞"出来的，不是生活的真实再现。我们的目的是通过"搞事情"，提高语言能力，所以，气氛的营造很关键。

第二个要素是注意事件的选择。

搞的事一定得是家庭成员共同关注的，最好是双方都能够接受的。在小伙伴之间"搞事情"更好，因为双方可以随时商量，还能够建立合作关系。

第三个要素是类别要丰富多样。

"搞事情"不是"一锤子买卖"。每个月都可以搞点儿事，搞的事也可以不一样：这次搞的事情和小动物相关，下次可以是出去玩，还可以是写信……让事情有变化，孩子的语言就会在不同的维度成长。

第四个要素是互动，要平等协商。

在"搞事情"的时候，家长不要高高在上，孩子也不要蛮横不讲理。

第五个要素是展示成果。

事情搞完了，一定要郑重其事地发布成果。千万不要让作文的读者只有语文老师一个人，孩子会因此缺乏成就感。

不管是写旅游攻略，还是写产品说明书，或者写一封信，一定要郑重其事地把写好的内容发表出来，让更多的人看到。

第六个要素是形成习惯。

"搞事情"并不一定要"蓄谋"，当有了"搞事情"的意识，我们不用刻意设计，也能在不经意间将生活中点点滴滴的小事变成孩子的关注点。孩子随时都能发现值得写、引起创作冲动的内容。

因为他已经变成了生活中的有心人。

名师答疑

家长：

"搞事情"的时候，是让孩子全心全意地投入其中，还是站在另一个视角观察，由家长引导孩子呢？

比如带孩子去动物园，是让孩子全身心地投入进去玩，还是在熊猫爬竹子的时候提醒他："给我描述一下你看到了什么，回去还要写作文。"

耿春龙：

孩子要不要有写作的目的？我的回答非常确定——不！

孩子全身心地投入事件当中去体验全过程就行了。在这个过程中，家长的角色非常关键，不要走极端。

第一个极端：总是提写作文的事。家长不要碎碎念"你要好好看""你得用心想，拿本子记一下，一会儿写作文用得着"，这样就全完了。

第二个极端：家长比孩子玩得还"嗨"，没有任务感。

折中的原则是家长牢记信条：大人的目的是通过自身言行，加深孩子对事件关键点的印象。

如果家长觉得某件事情非常重要，可以借助外力，比如拍照片来记录瞬间，还可以跟孩子聊细节，比如一起坐过山车，大人觉得坐过山车很有意思，就可以对孩子聊聊自己的感受，自己在某一刻是如何紧张和激动，通过回顾关键环节和全过程，帮助孩子加深印象。

也就是说，既要有心，又不要过度急切地表露意愿和目的。如果把握不了"教"和"玩"的度，天平就应该向"玩"倾斜。

崔永元：

我认为，在这个过程中，家长可以忘记自己的身份。如果总想着自己是家长，就容易把照顾孩子当成自己的第一要务。

家长应该是一个学习者。

我有一次听到了一首歌叫《熊猫咪咪》。歌词是这样的："竹子开花喽喂，咪咪躺在妈妈的怀里数星星，星星啊星星多美丽，明天的早餐在哪里，咪咪呀咪咪请你相信，我们没有忘记你，高高的月儿天上挂，明天的早餐在我心里。"

我就想，为什么竹子会开花？我从来没有见过。于是，我开始研究这个信息，原来竹子一开花就死了，熊猫也就没有东西吃了。

我的脑洞一下就打开了：我想知道是不是所有的竹子都是开花就死，有没有竹子开了花也不死的。我把竹子研究明白了，之后又对熊猫产生了兴趣。

熊猫是一种可爱的动物。它很可爱，但它也可以一巴掌把东西拍飞。为什么我们会觉得它可爱呢？是谁最早发现了熊猫，又怎么知道它的习性？

我就找到了人类历史上第一部拍摄熊猫的纪录片，果然，熊猫是能够跟人一起玩的，就像狗一样，玩得很愉快。那么，熊猫的性情是怎么来的，根据在哪里？围绕着熊猫，可能有几十个甚至上百个问题。

当父母把这些问题抛给孩子时，孩子也能得到启发。

有时候，我问女儿一个问题，她就会上网搜资料，或者去图书馆查资料，很快就能告诉我答案。

所以我建议，家长在"搞事情"的时候，先把自己的身份换掉，从家长变成学习者。

家长：

在写文章这件事情上，大人懂得什么叫泼墨如水、惜字如金。

但对于孩子来说，写作文基本上会流于"流水账"的形式，很难写出条理特别清晰的文章，常常会废话特别多。孩子写作的时候，家长怎么指导孩子养成"抓大放小"的写作习惯，在语言上能更加简练呢？

耿春龙：

我分两个维度来解答。

第一个维度是大人对孩子的习作水平不必抱有过高的期待。

我解释一下《语文课程标准》对于学生作文的定义。《语文课程标准》在修订时，把小学生的作文改为"习作"，将低年级的作文称为"写话"。

从词语的变化，能看出学生作文能力的发展路线，尤其在小学阶段，不要对孩子的作品有太高的期望值。在古时候有"开笔"一说，就是孩子如果没有一定程度的积累，先生是不会让你动笔作文的。不是到年龄就开始写，而是因人而异，看孩子积累的状态。

所以，不要强求孩子写出高质量的文章，这件事可遇不可求。孩子能写出精彩的作文固然很好，但如果达不到，也很正常。

家长应把目光放长远，别那么急。

如果特别着急想看到成效，往往会适得其反。有的家长想一学期就见成效，有的老师更"可怕"，想两节课就见成效。在这样的情况下，采取的做法只能是讨巧，只能是纯粹地追求技术，只能是照猫画虎、依葫芦画瓢。

在这种情况下，孩子绝大部分的创造力和创造意愿会被扼杀。这叫杀鸡取卵、揠苗助长！

第二个维度是不要限制孩子的表达方式。

在母语学习中，每一个孩子在生活中都能讲出生动的话，当孩子经历了一件非常有趣的事情，或者看到了一个非常有趣的人，他会讲得特别好。

但孩子一下笔，反倒没有那么精彩了，因为他们被过多的技术和规范控制和干扰了。

孩子要想写出"好"文章，"好"的标准是什么？

孩子文章的"好"，最重要的标准就是一个字："真"——真观察、真体验、真认识、真情感。

"搞事情"的目的是加大在孩子动笔之前的阶段的干预，让他有更多样化的体验，有更多的思考，有更多的素材储备。在此基础上，辅以我们平常所教的一些简单的方法和策略就够了。

然而，很多家长本末倒置了，在"如何下笔"这一阶段下了太多的功夫，反倒禁锢了孩子。

崔永元：

家长有一个误区是认为孩子的作文要惜字如金。事实上，孩子的作文有不同的环境、不同的阶段。

1959 年，有一部话剧叫《风暴》，中国青年艺术剧院在卖票的时候，走廊上都是人。

这部话剧的主题是"二七大罢工"，主演之一金山出演施洋大律师。他在第二幕有一个演讲，时间大概是 3 分 20 秒。到了第三幕，很多观众走了，因为他们买票就是为了听这 3 分 20 秒的演讲，这 3 分 20 秒真的精彩。

我和宋丹丹老师曾经一起演小品。聊天的时候，我问她："演小品和拍电视剧收益都比舞台剧好，你为什么还坚持演舞台剧？"

她说："舞台剧收益再少，我也要演，因为它与小品和电视剧在表演上是两回事。"

有一个话剧叫《万家灯火》，她演一个老太太，特别入戏，林兆华导演说"给你 5 分钟"。

这时，后面灯都黑了，她一个人颤巍巍地走到台前，把自己的一辈子用 5 分钟讲了一遍。台下鸦雀无声，掉一根针都能听到。

她跟我说："小崔，我当时演得多高兴呀！你给我多少钱我都不离开这个舞台。"

话剧可以面对观众，及时体会观众验收带来的快感，它跟拍电视剧的感觉是不一样的。

在艺术上是有不同的阶段的，其实写作也是如此。家长也要有阶梯化的思维模式，理解孩子在不同阶段有不同的水平。

别一开始就告诉孩子要惜字如金，要表达简练，本来就写不出来，还怎么简练呢？

耿春龙：

一、二年级的孩子，能把自己的话原汁原味地记录下来就可以了。

甚至写字的时候，有些生字不会写，画小图都可以——比如，我家养了头猪，"猪"字不会写，画两个大鼻孔。今天我去玩滑梯，"滑梯"不会写，画个滑梯就行。

到三、四年级的时候，有一个说法虽然不完全科学，但是我很认同，就是：放胆文。

也就是说敢于写，自由地去写，写得很长、很啰唆也没有关系，因为人的书面语和口语是协同发展的，而且书面语滞后于口语。孩子迫切地把自己的想法表露出来，肯定会赘语较多，比较啰唆。

家长读完了之后，如果愿意帮助他，就告诉他"这两句话写得不清楚，你再把它写清楚一点儿""我没读懂这句话""这半句是什么意思，我不太清楚"，顶多到"这两句话如果是我来写，我会这么写……"，这已经足够了。

千万不要给孩子讲什么是主谓宾，定语、状语、补语应该怎样用，或者"这里要加一个拟人句……"。

不要有这么多概念化的东西，顺其自然，孩子的写作水平自然会越来越高。

我特别不赞成让孩子参加校外的各种培训班，培训班的老师为了取得短期效果，会急功近利，破坏孩子正常的"语言生态"。

在习作这方面，按照"搞事情"的思路，让孩子有各种各样的生活体验，去写各种各样的文体，有素材的累积，有思维水平的提高，有对外界的真实感受……到中考的时候，他的作文水平一定会提高，根本不用报任何的课外班。

这样培养出来的才是长久的真本领，而不是短暂的技巧。

家长：

孩子有时候就是不愿意写作文，该怎么去培养他的兴趣呢？

耿春龙：

无法用简短的话给一个完整的回答，所以我建议家长从以下角度去思考。

第一，分析孩子为什么不爱写，分析这是谁的原因。

我们常常认为是孩子的原因，但事实并非如此——没有一个孩子不愿意跟别人交流，他也许只是不愿意和你交流；没有一个孩子不愿意动笔抒发自己的想法和感受，也许他只是不愿意像你要求的那样去写；没有一个孩子不愿意写写自己的生活，但是他不愿意写你规定他写的生活；没有一个孩子不愿意写一件有趣的事，但是他不愿意用你教给他的套路去写；没有一个孩子不愿意记录自己生活中的小心思，但是他会反感你对他真实流露的文字指手画脚。

第二，越不爱写，越要努力"搞事情"，给他制造期待，制造写作的热情。

比如，你给他买了一件漂亮衣服，他今天穿得很开心，在小伙伴面前嘚瑟了一下。这时你就可以让他到购物网站上写写评论"衣服好在哪里""小伙伴们说什么了"等。

第三，一定要有读者和发表意识。

孩子的文章写出来后，别管多么稚嫩，也要不吝夸奖，要强有力地给他的语言表达注入力量。

比如："你这篇文章特别棒，有几点写得很好，第一点是……第二点是……第三点是……"

我去美国的学校参观时，看到老师把孩子语句不通的话大大方方地贴在教室门口，向大家展示。

参观的人来了之后，老师说："这是我们班谁谁谁写的，特别棒，里面只有三个错别字，很了不起啊！"

看孩子，要用欣赏的眼光，千万别把自己当成评判者，而要用一种欣赏者、学习者的心态去对待。

实践作业

1. 孩子和家长一起商量一下，在家里"搞一件事情"，要求是新鲜有趣，能够吸引共同关注的事情。

2. 切实做一做，用心投入，放松地体验整个过程。

3. 选取自己感兴趣的内容，写成一篇习作，给同学们看一看，收集大家的反馈。

在社会中"搞事情"，让作文素材更精彩

崔永元说：

耿老师将继续跟家长和孩子分享写作的训练技巧——"搞事情"。

家长要参与孩子的生活，要有主动性，最好让孩子参与的时候没有刻意和被强迫的感觉，要有乐趣。

我下面说说跟"搞事情"相关的另一个方面：在社会交往中"搞事情"。社会交往对于小朋友来讲，主要包括两个维度：一个是在学校，另一个是在社区。

在社会交往中发展语言能力

为什么要多参与社会交往呢？我在鼓励学生"搞事情"的过程中，发现社会交往能在以下几个方面让孩子的语言能力有质的提高：

第一，能够培养"发现"的意识，在"熟悉的地方"发现"风景"。

这里我想提出三个词——习以为常、熟视无睹、见怪不怪。

这三个词体现在孩子的作文里是非常忌讳的，因为它们传达了一个意思，就是"没什么新鲜的"。今天又吃了三顿饭，今天又上了六节课，今天见到的还是平时那些人，今年的运动会跟去年的差不多，没啥新鲜的……

这就坏了！

如果缺乏发现的眼光，要想写出吸引人的文章，基本上不可能。因为你自己都没有一种"哟嗬，我又有新的感觉了""今天我有了新的认识"的新鲜感，写的作文就变成了"无米之炊"。

第二，能够提高与陌生人沟通的能力。

人与人之间的交流已经越来越频繁了，连地球都变成村了。我们不仅要跟同学交流，还要跟同校、全国各地的，甚至是世界各地的人打交道。

总和熟悉的人待在一起，把自己关在舒适圈内，难度自然很小，因为大家的思维模式类似，经历的事情差不多，自然而然就能聊起来。但是跟不同文化背景、年龄、兴趣爱好的人能够更好地沟通，才是未来人才最重要的素质之一。

它跟我们的语言能力，也就是我们习作的一个基本的最关键的要素是息息相关的。

第三，能够在更广阔、真实的环境中深入地感受生活，拓展选材的广度和认知的深度。

有两个层面很重要：选材的广度和认知的深度。

先说说选材的广度。大部分孩子在习作选材时主题范围比较窄，比如写同学间的友情，一讲友情就是"我生病了，他给我倒了杯温开水，让我吃药""我生病之后，帮我补课，借给我笔记"等。这就是选材的广度不够。

另一个层面，是视角比较窄，认知的深度不够。即使同样是写生病之后同学照顾你，也可以有不同的侧重点。随着学生逐渐到高年级，真正制约你习作能力的不是语言表达技巧，而是认识事物的本领。

在真实的生活情景当中，你对事情的看法会与别人不同。别人习以为常的事，你能够从多个不同的角度进行分析，这样写出来的文章就具有启发性。

第四，能够知行合一，多种能力协同发展。

"知行合一"不仅仅是说"我懂得了""我照着去做"，还有一个更重要的维度，就是"这件事也许我还不太明白，但是我在生活中会不断地去学习新知识，解决问题"，这就叫真实的学习。

在社会中"搞事情"的时候一定要着眼更高远，你的目标不仅仅是写出一篇好文章，还要让自己在诸多方面的能力素养协同发展，写一篇文章反倒成了一个副产品，或者说它是一个自然而然的结果，这就叫"无招胜有招"。

如何在学校里"搞事情"

在"搞事情"的过程中，学校和家庭的目标是完全一致的，都是为孩子创设情景。

学不一定发生在"校"中，"校"只是学的方式的组成部分。

学习不仅仅只在学校里，在外界也处处是学习的天地。一个学生可以向不同的人学，也可以向不同的事情学。

老师、家长和学生，其实是"学习共同体"。

家长不要以为自己的目标就是帮孩子学写作文，因为在这个过程中，家长也是学习者；老师也一样，我们是互相联动的，只有这样，才能深入地"搞事情"。

很多优秀的学校都是如此，家庭和学校互动，孩子和家长互动，孩子和老师也会互动，有的家长还会跟老师说"咱们在班里做点儿事吧"。

还有一个更美妙的事情，就是孩子们跟老师说："咱们在班里做点儿事情，老师，您看这样行不行？"

有了良好的互动，规则也会重建。孩子不再是被动地等待老师布置任务，而是主动成为任务的发起人、组织者。至于具体怎么做，大家一起想办法。

怎样办班级周报

在学校里，其实有很多事情可以搞，比如做班级周报。在这个过程中又涉及很多环节：练笔、传阅、回复、遴选、排版、印刷、送报。

练笔

练笔是走到哪儿写到哪儿，看到谁就写谁，把自己观察到的写在笔记本上。

传阅

每个同学把自己观察到的内容写在一个笔记本上，然后相互传阅，不要求传遍班级 40 个人，但至少传六七个人。

回复

六七个人之间相互进行回复，就像在论坛回帖一样，给自己起个笔名，在每篇文章的下面进行回帖。我的班级里有各种各样的笔名：火龙使者、不死的神等。

回复的类型分为几类：

第一类：针对内容的回复。比如"你养了一只小动物，我也养过小动物……"

第二类：针对观点的回复。比如"张三、李四昨天闹别扭了，你的想法是……我不同意你的意见，我认为……"

第三类：对文章做技巧上的探讨。比如"这篇文章如果开头直接就点明主题的话，可能更吸引人……"

遴选

自由回复之后，老师和班干部就可以遴选，把热点文章挑出来。

排版

挑选好文章之后，由家长和孩子进行简单排版。

印刷、送报

最后进行印刷和送报。班级里的同学每人一份。学校有多少班级就再加多少份，每个班至少一份。学校如果有二十个办公室，就再加二十份。这是最少的量。

班里的同学，每人拿几份，把报纸送给兄弟班级的老师和同学阅读。

这样，班级周报就完成了。一周一期，一个学期下来，所有的孩子都会在报纸上见到自己的文章或者自己的回帖——成就感爆棚！

曾经有个家长给我发了一条很长的短信，都是赞美我的话。其中令我印象最深刻的是这样一句话："孩子上学五年了，我第一次看到他在灯下兴致勃勃地写作文。"

我记住了家长说的"兴致勃勃"。孩子之所以兴致勃勃，就是因为在写自己真正感兴趣的事。

"搞事情"的时候，家长也可以参与进来，主动跟老师聊一聊，承担一些任务，比如排版和印制。无论是彩色印刷还是黑白印刷都可以，对于孩子来讲，他们在乎的不是版面有多精美，他们关心的是写下来的文字终于变成铅字发表了。

活用教材：由你来改写书中角色的命运

这个"搞事情"的模式比较需要脑洞，当然也需要胆量。

比如，语文教材中有初识鲁迅的单元，既有鲁迅先生写的文章，也有别人写鲁迅先生的文章，目的就是让孩子们能够了解鲁迅和鲁迅的作品。

我们可以围绕着鲁迅先生，给孩子们创设这样一个问题情景——

能不能通过你的演讲，确保鲁迅能够入职某某学校做一名高年级语文老师，或者是确保他不能够入职？

孩子们任选一个角度，用一周的时间去读跟鲁迅相关的文章和资料，老师和家长也可以推荐一些。孩子要对这些文章进行筛选和研究，形成自己的演讲稿，在班里演讲，最后通过得票数来决定谁的演讲最受欢迎。

我们此前在班里搞这个事情的时候，场面异常火爆。在整个事件中，老师和家长最明显的感觉是：要想看到孩子表现出令你意想不到的能力，就要充分地相信他。要搞出这样"高难度"的事情，让孩子自主地去学习和探索，他们将会展示出惊人的分析能力和语言能力。

撰写使用说明，策划活动方案

可以让孩子给校园的各种设施撰写使用说明。比如，很多学校里有一些游戏设施，可以由孩子们来写说明书。

还可以让孩子做一做活动策划方案。在方案中列出活动主题、参与人员、准备工作、活动过程、活动形式、家人的意见、待解决的问题等。

做活动策划，对于孩子来讲是极具挑战性的，因为他不仅仅是参与了一项活动，而且能够成为整项活动的策划人，成为这项活动规则的制定者，他的格局和眼界都会打开。

和"邻家孩子"一起"搞事情"

在一个班级里，可能有全国各地的孩子，有的学校还会有对口支援的友好学校。这些外地、外校的孩子，可以统称为"邻家孩子"。我们可以和这些邻家孩子一起"搞事情"。

我就做过很有意义的尝试：带着孩子们卖红薯。

江西有一个山村叫坳上村。我班的孩子想卖坳上的红薯，便做了很多"功课"：坳上红薯为什么好吃，坳上的土壤环境有什么特点，农民伯伯种植的时候投入了多少钱，当地每年能够产出多少红薯，红薯的总价值是多少，红薯如果运到北京能够卖多少钱，卖完红薯的钱的增值部分可以干什么——给坳上小学捐一个图书馆。

在整个过程中，可写的东西太多了。从科学的角度看，得研究红薯的相关知识；从交流的角度看，得写宣传材料；从应用类文章写作的角度看，得写卖红薯的广告，测算这个产品的价格，介绍红薯的多种食用方法……

孩子们全都做到了，而且做得很出色。

他们还制作了二维码，一扫就能看到坳上红薯的介绍、活动意义的描述、红薯的烹饪方法。拍卖的时候还要进行大段的宣讲，用文字力量说服顾客。他们穿的文化衫上还有这样一行字："山中红薯唯有江西坳上好"。

最后，孩子们卖了上千箱的红薯。到第一期结束时，已经筹款 8000 多元，但距离他们的理想数字 3 万元还有差距。孩子们还在策划精加工的红薯产品，比如红薯干，打算继续做文章。

这种社会活动给孩子带来的成长是多方面的。

充当有意思的角色，并做好岗位总结

孩子们在家里可以"小鬼当家"，在学校里、班级里也可以"当家"。

班级有没有志愿岗？如果没有，可以向老师建议："老师，我负责咱班的门，保护它，擦拭它，从安全使用的角度来做宣传，这些我都可以做。"

或者，"老师，我负责在班级养两条金鱼，我就做'鱼长'"。

老师一看孩子的积极性很高，可能会让你做值日班长。值日班长把一件事情做完之后，可写的内容就多了，可以写计划、写总结。如果是值周班长，还可以将这一周的大事小情进行播报，向新闻播报和新闻评论的水平看齐。

　　孩子还可以担任实践活动的产品经理。比如模拟旅行社，分成若干旅行路线，有去云南的，有去贵州的，有去广西的……设计完路线之后，就开发产品，突出不同的主题，如文化游、历史游、游学、购物游等。

　　我的班上有一位学生的工作日志如下：

　　在这次推介旅游产品的制作过程中，我有着难忘的经历和感受。

　　我体会到了推荐的不容易，听众可能在倾听时质疑，所以一个出色的推荐人要有海量的知识。听众很可能是陌生人，他们不会像熟人一样了解你的演讲方式，甚至不习惯你的推荐方式。与一个陌生人交往，谁都难免有些紧张。但同时，在推荐时我也会很高兴，一个人听了推荐后，对景点很感兴趣，岂不说明你的介绍很精彩吗？

　　在推荐和交流中，我找到了许多推荐的经验和技巧，比如赠送一些特产，或者表演一些当地习俗。在推荐时可以根据听众的特点，合理地加入一些技巧。比如，针对年轻人就需要用一些流行时尚的推荐语。最后，要善于发现听众的好奇点，要对他们好奇的地方进行深入的讲解。还需要对推荐的景点理解透彻，再加上一些自己的感受，这样的推荐才吸引人。

云南路线经理：杨子江

　　他的文字一看就是进入了角色，将来有希望成为开发旅游产品的牛人。

　　作为产品经理，还可以深入社区，和遛弯儿的老人们讲一讲"有一款养老产品，特别适合老年人游玩，而且不累……"，向老人们介绍一下这个旅游路线的特点。

也可以对行色匆匆的上班族进行推荐："您忙碌完一个项目，可以放松一下啊，请看一看我的游览路线……"

这都是孩子们做过的事情，大家可以想象孩子们的能量有多大。

撰写调查报告、招标方案等

每个学校都有失物招领处，很多学校有小菜园、小动物园。这些场所，我们也可以利用起来。

失物招领

一位三年级的同学，偶然做了失物招领处的义工。值了一周的班之后，他就把自己发现的问题进行了梳理，提出了建议，还附上图表，最后做了一个失物招领登记表，放大之后，贴在失物招领处。

接下来，失物招领的管理就变得科学有序了。这就是岗位的魅力。

我惊叹于这个孩子的执行力，所以问他整个文本的原创程度有多少，家长有没有帮忙。结论是，90% 的内容是孩子自己写的，家长只是负责排版、印刷而已。

小菜园招标

在小菜园招标的整个过程中，最重要的一个环节是分地。

全校一共有 16 块地，编为 1 ~ 16 号，对应 16 个班组群。每个班组群里有三个班。

好的地，平坦，阳光充足；不好的地，背阴，地形古怪，中间可能还有一个大井盖。孩子们要通过演说，让由家长、老师、农林局的专家和学生组成的评审团评价，谁可以拥有优先选择权。

孩子要写清楚：为什么要种地，需要什么样的地，我种了这块地之后，它的经济价值和社会价值体现在哪里，我将怎么充分使用它……

我们学校组织的小菜园招标活动一步步完成后，孩子们非常兴奋，毕竟在北京这样的城市能有一大块土地可以任由孩子们去种白菜、土豆、辣椒，非常难得。

其他活动

我们组织的活动多种多样。美术社团的孩子做了"探究中国画的特点"的研究；音乐社团的孩子做了"论 BGM 的重要性"的研究——我是因为孩子们请我当指导老师，才知道 BGM（Back Ground Music）指的是背景音乐；有的孩子写了小论文，比如《论薯片对人体的影响》——我看了孩子们的论文之后，才知道关于薯片居然有那么多有趣的知识；还有的孩子做了"会长头发的颜料"的研究，并且用现场模拟的方式呈现了出来……

天地无限广阔，当孩子们把兴趣爱好与学校里的生活联系起来后，就有太多的东西可写了。并且，这些内容极具独创性。

孩子们，大胆地把事情搞起来吧！

以上是我的建议，但并不是要照着做。每所学校、每个班级、每个同学、每个家庭都是不同的。世上还有很多事情可以挖掘，只要别闷头苦写，与老师建立起关联，共同做事，路就宽了。

走进社区

让孩子们到社会中去做大事情，搞大的活动，可能很难实现。那应该怎么做呢？

其实把握两点就够了。第一点是用心观察，善于发现。第二点是真实体验，感受生活。

先说第一点。孩子在社区里要学会用心观察，善于发现，"看"其实也是一种非常好的参与。

物业、保洁：表扬信与建议书

小区里有物业、保洁，孩子可以给他们写表扬信或者建议书，他们会很开心，服务会更棒。成年人也需要夸奖，尤其是来自孩子们的赞美。

要想表扬他们，肯定不能很空洞地说："叔叔阿姨，你们辛苦了。"

有效的表扬，是需要用心去观察的，要知道他们平时具体做了什么。比如表扬他们辛苦了，具体是怎样辛苦？是时间长还是劳动强度大，或者做事情特别认真？观察一定要用心，而不是用眼睛，这样你才能写出情真意切的表扬信，夸人夸到对方心坎上。

爱宠萌宠：卫生活动小贴士

观察小区里养的宠物。除了有遛狗的，我们还会看到有人遛很奇怪的动物，我就见过遛猪的。孩子可以在适当的地方做"卫生小贴士"，号召大家注意收拾宠物的便便。

很多小区里有给小狗准备的"便便袋"，可是大家都不用。那么，能不能在此处用一段文字去打动养宠物的邻居们呢？

通过文字的力量，改变周边的生活环境，这就叫影响力。

共享单车：合理停放须知

共享单车的发展几经波折，开始很方便，后来造成了一些危害。很多小区门口贴上了"共享单车禁止入内"的公告，但还是有很多人骑进去。

对于那些不懂得怎么使用它、不懂得好好停放、不懂得共享不是独享的人，孩子能不能够通过自己的调查研究，再给他们一点儿建议呢？

社区活动：宠物大会宣传海报

社区不仅仅是一个生活的地方，还是一个交往的地方。社区会开展宠物比赛，比如小狗赛跑；又如，用旧书、旧文具进行以物易物；再如交友、才艺展示，小朋友可以在小区里表演自己的才艺。

在这些小区活动中，孩子们可以参与进来，比如给自己做一份宣传海报。

邻里关系：友善沟通卡

有的邻居因为一点儿小事就吵架，很不文明。孩子们可以做一个友善沟通卡，帮助小区的邻居们建立起联系，让大家其乐融融地相处。

快递包裹：快递箱温馨提示

在网购越来越方便的时代，小区的快递代收箱有时候放不下了，只能堆在传达室里，大家找起来很麻烦。在这种情况下，孩子们就可以给快递员叔叔写一份温馨提示，比如怎么分门别类地摆放。

以上这些做法都是可以尝试的，孩子们能够用文字来改变生活。

再说说在社区"搞事情"的第二点：真实体验，感受生活。

有的同学说："我有能力，愿意多做点儿事，想挑战自己。"这时，我们就可以为自己创造真实体验。

居委会半日兼职：兼职体会

每个社区都有居委会，孩子可以去兼职半天，即使待不了半天，待两个小时也可以。让居委会的叔叔阿姨给你布置点儿任务，接下来就会有很多可写的东西了。

报刊亭体验：如何能卖得更多

在电子阅读的潮流下，很多报纸卖不出去了。原来，人们下班后会买张《北京晚报》，现在没人买了。现在的报刊亭卖什么？怎么能卖得更多？将来何去何从？

你可以投入时间，以换取自己的体验。

小公园绿化队：亟须解决的问题

我们在公园玩的时候，不管是拍皮球，还是跳皮筋，都没有关注公园的绿化是谁在管，这部分工作如何操作。那么在公园的绿化上，有没有需要解决的问题？孩子可以给绿化队提点儿建议。

社区垃圾流转：流转现状

我见过最有效的做法，就是一位小同学写的建议书直接送到了政府职能部门，改变了一个区域的污水处理。这是真实的事例，就发生在北京。一封小学生的建议书直接改变了整个周边的生态系统。

社区的垃圾流转情况，你了解吗？一个家庭平均每天"制造"多少垃圾？这些垃圾都到哪儿去了？垃圾站的下一站又在哪里？

在确保安全的情况下，你可以做一个相关的调查，这些都是身边的素材。

半日小保安：小区安全隐患

每个小区都有保安，孩子们日常看到的是他们在门口一坐，或者收收停车费。那么，他们还有别的工作吗？小区里有没有安全隐患？孩子们能不能做一个安全袖标，四处寻查一下小区的安全隐患？给他们提点儿建议吧！

以上这些例子，大多数是我的学生经历过的，别提多精彩了！

在"搞事情"的过程中，也要注意一些问题。我总结了几条经验供孩子们参考：

1. 兴趣为先。

做这些事不要有负担，千万不要想着"哎哟妈呀，又给我布置任务了""我作业都做不完，还让我去做这么多的事，累死我了"。你如果觉得特别累，那一定是你对这件事不感兴趣。所以，你没有想好的事情可以暂时不做，尽量去找自己感兴趣的事。

2. 搞出花样。

要做，就得做出花样。

比如，你打算到居委会去体验，爸爸也帮你联系好了。但你跑到居委会门口的沙发上一坐就是半天，这就是没有搞出花样。

没有搞出花样就没有故事，就没有体验。

所以，要主动出击，参与到体验过程中去。

3. 安全可控。

有的同学志向很高，想研究城市里的车流量，就往大马路上一站。有的同学对工厂很感兴趣，这时一定要事先了解"搞事情"的安全性，保证没有危险，一定要跟父母好好"谋划"。

4. 聚焦语言。

千万不能热热闹闹地把事做了，但没有体验到语言表达带给你的美妙。"搞事情"的核心之一是要意识到提高语言能力的重要性，通过语言表达制造出乎意料的成效。

崔永元说：

耿春龙老师关于"搞事情"的分享，让我有三点体会：

第一，我的心理上产生了一个变化。以往是写的时候不知道写什么，而做完这些活动以后，我想的是"千言万语，不知道从哪儿说起"。

第二，"搞事情"不能是纯粹功利性的，提高语言表达能力只是在这个过程中顺其自然发生的。当我们策划一项活动的时候，并不会想着这件事情能让作文加3分还是加5分，因为我们已经很自然地融入其中了。

第三，我们总说"应试教育""素质教育"，其实这种简单的二分法并不科学。好的教育方式，是在学文化的同时，也能积极地参与社会、干预社会，热爱生活、美化生活，改善人际关系、增加情感联络。在学习的时候，你已经开始成为社会的一分子了，而不是拿了毕业证书再迈入社会。

名师答疑

家长：

我读了李娟的《冬牧场》，结合您的观点，我感觉她上过关于"搞事情"的课。

作者写这本书时，自己就在"搞事情"。她住在新疆，想写哈萨克牧民的事情，就到处推销自己，想跟着牧民去体验生活。很多人一开始不愿意带着这个汉族小丫头出去，后来，终于有人愿意带着她。她就在天山的牧区里，跟随牧民去体验如何放牧、如何弄羊粪、如何喂骆驼——最后，再一点儿一点儿地把细节向我们展示出来。

"习以为常"让我们对生活"见怪不怪"。牧民们一辈子过这样的生活，每年、每月、每天，觉得这很正常。但是作为一个"闯入者"，去观察牧民，去用心体验，就会发现很多惊喜。

对于这一点，耿老师和崔老师怎么看呢？

耿春龙：

李娟这样写出来的东西肯定是真实的、有需求的，她有倾诉的欲望，而不是为了完成某一个既定的任务。

"搞事情"能够提高写作能力，但绝对不仅仅是为了写作。

崔永元：

很多人喜欢李娟，我也喜欢。她写的地方，很多人去过，感受到了那种美。但我们尝试着讲给别人听的时候，总觉得表达得不理想，说不出自己的感受。

但李娟的文字，就是能让人觉得："对，她说的那个美，就是我曾经看到的！"

这背后的秘密，可能就是她搞了很多跟别人不一样的事情，她体验得更深刻，而我们大部分人只是匆匆过客。

家长：

我带孩子外出游玩的时候，认识了一个新疆女孩，我觉得将来可以让孩子跟这个新疆女孩联络，相互交换资讯。

另外，我想借鉴您说的卖红薯的方式，看看能不能把山西的苹果用这样的方式带到北京，这样就太有趣了。我家孩子不爱上学，他觉得太枯燥了，经常对我说："妈妈，我可不可以不上学，我想在家里写侦探小说。"

为什么孩子觉得上学很枯燥呢？如果将您的方式引用到课堂中，孩子真的会很感兴趣吗？

耿春龙：

第一，我要提示的是不要建立对立面，误以为校内的习作孩子肯定不爱写，只有我讲的这些才是孩子们爱写的。

其实，校内的命题作文也是可以"搞事情"的，搞了事情再去写，能达到一样的效果。

只不过在一些习作教学中，老师往往很着急。比如在作文课上，在孩子们没有任何准备的情况下，就公布题目，写《一个敬佩的人》。同学们立即就确定是写爸爸、妈妈，还是哥哥、姐姐。接下来，孩子们就写作文了。

这样的流程，因为缺乏策划和筛选，也缺乏对写作对象的了解，要写出好文章很困难，也没有成就感。

第二，我想对前面卖红薯的例子做一点儿补充。

其实，孩子们对于打算卖什么产品是经过激烈讨论的。坳上村不仅红薯种得好，脐橙也非常出名，也很好吃。但孩子们通过调研之后得知，种植脐橙的成本很高，一般是大户，需要投资几十万，甚至几百万。种红薯的，才是真正需要帮助的穷人。为了让这次活动达到效果，他们最终选择了卖红薯，因为这样才能给山区真正需要帮助的穷困人家带来帮助。

孩子们在班里讨论这个话题的时候，我特别感动。我发现在这个过程中，他们有一种关怀精神被激发了出来，而不是赚了钱就行。

有了这样的情怀，孩子们演讲的时候就更加起劲儿，也特别能打动人。

家长：

我的孩子社会交往能力很强。他去老人院、孤儿院，去演出、做义工，还会教小区的孩子跳舞，很热情。

我们跟他探讨的时候，他也能说出很多有意思的话，但一到写的时候就不行了，一动笔就偷工减料。他告诉我，参与活动的时候很有兴趣，但一下笔就感觉笔头懒，想尽快把这个作业完成。

为什么会出现这种情况呢？

崔永元：

他不是笔头懒，是他的作文已经被戴上了帽子——这是作业！他在内心是抵触的。

另外，对于孩子来说，觉得写作有点儿难，那是常态。

我采访过上万个人，其中至少有一百位作家。在采访过程中，我发现写东西最难的就是作家，有时候甚至两年都写不出一个字，因为他不愿意重复，一定要每次都是新的。

所以，难写是常态，写得非常顺利才是变态。

学习的过程其实就是写作的过程。耿老师的方法能够激发孩子的写作兴趣，但家长也不要强求，不要给他压力，觉得一"搞事情"，孩子就必须把作文写好。

耿春龙：

家长、学生和老师携起手来，一起做事是可行的，而且并不复杂，一两次成功的体验之后，孩子们的感受就会变了。

孩子在"搞事情"的过程中还是挺热情的，一旦动笔就偷工减料，也不要着急，可能是孩子缺乏一定的写作技巧。接下来，我会提到关于写作的技巧，能有效地帮助孩子缓解这个问题。

学生：

"搞事情"是不是还要注意心态的问题？"搞事情"的时候，心态如果不好，觉得这件事情肯定不成功，结果肯定是不好的。

如果怀着一种自己一定会成功的信心，那结果肯定会不同。

耿春龙：

你说得很有道理。

我小的时候走路，总是低着头。农村有句俗语，叫"溜墙根儿"，我非常羞于和别人打招呼，看到人就躲。

妈妈让我到邻居家借东西，我会问三个问题：第一，我怎么称呼对方？第二，他家要是关着门怎么办？第三，东西被拿出去用了，怎么办？

问完问题后，百分之五六十的概率是我假装出去一趟，回来就编个瞎话，说对方家里没人，就把这件事情解决了。

崔永元：

上初二时，我参加第一次演讲比赛，主题是歌颂老师。老师们都觉得我肯定行，对我很有信心。

但我对自己一点儿信心也没有，头一天晚上就没睡着觉，第二天演讲，我心跳加快，腿直哆嗦，而且从头到尾几乎一动不动，只是在讲到"老师像火柴一样，燃烧自己，照亮他人"时，硬逼着自己做了一个动作。

这个动作自然很僵硬，结果全场大笑。我为这件事难受了两三年，一看到火柴，心里就特别别扭。

所以，我们可以多学学表达，多为自己鼓鼓掌，给自己信心。

实践作业

1. 思考你生活的校园或社区可以"搞哪些事情"？

2. 和家长或同伴商讨具体方案。

3. 做事情，将体验最深刻的过程记录下来。

巧用信息技术，让写作更好玩儿——工具篇

崔永元说：

前面，我们一直在强调如何激发孩子的写作兴趣，积累孩子的写作素材。但从这里开始，我们会重点说说技巧。

世界正以你无法想象的速度变化着，孩子的写作技巧也应该是不断进步的。

在这个时代，无论你用或者不用，信息技术都在迅速发展。我们已迎来了发达的互联网时代，万物互联的概念在世界上正在成为大家的共识。

在技术的支持之下，信息素养与习作能力又有什么关联呢？

有这样一段话：

信息网络的开放性、交互性特征与习作表达有着先天的内在联系。小学生作文就是写观察、写生活、写想象，写出来就是要与人交流分享的。信息技术环境下的公开"发表"，会促使作者更高标准地写作，得到更大范围读者的及时反馈和评价，刺激更积极的表达兴趣。

信息技术时代的"故事化"表达（以具体人物的经历和体验作为切入点和主线索，以小见大，从微观到宏观），有助于小学生习作训练。在信息时代背景之下，故事性的表达对孩子的习作是一个非常好的切入点。

信息素养无疑正在成为公民必备的素养之一，在未来社会多样的人才需求中，"信息素养"这四个字也是非常突出的。

那么，有哪些工具可以帮助中小学生提高信息素养呢？

如果从手机的应用看，你会发现可用的 App 非常多，有些与小学生的写作练习有一定的关联。

以下是我和我的学生常用的一些工具，推荐给同学们。

公共邮箱

公共邮箱是个很早就有的信息交流方式，但是在写作上并没有被所有人利用。

公共邮箱的特点是：成本低，注册即可使用；稳定性强。稍微有一点儿不足就是在小屏幕的手机上操作不方便。

邮箱在习作中有不少好处，在很多方面都能使用到。

1. 班级作文库的分类存储。

小学从一年级开始练习写话，三、四年级写长文章。每一年都会写很多篇文章，如果都放在储存箱里封存，就像被贴上了封条一样，无法再发挥作用了。

我们得让它"动"起来，最好的办法就是分门别类，放入班级的作文库中。

比如，一个班有 40 个孩子，所创作的同一主题的文章放在一起，大家可以资源共享。期末做作文总结的时候，不仅可以看看自己写的作文，还可以看看其他同学写的文章，向他们学习和借鉴。

2. 分享、交流、互相借鉴。

分享和借鉴应该成为一种主动意识。成年人查文献和论文，会去中国知网检索。小学生写文章也可以去查，查你的同龄人写的文章，借助班级的文库进行相应的练习。在我的学校里，六年级的孩子是要写小学毕业论文的，写毕业论文之前要有一个资料检索的过程，资料检索就是在校图书馆里查找以往的毕业生论文，看他们研究过什么，是怎样研究的，最后的结果是什么……

这样，他将来进行高质量的论文写作的时候，就学会了这套体系。

3. 资料检索，看见自己及同伴的成长。

人有的时候会因为不断前行，而忽略了往回看，就会有一种错觉。如果回头，就会看到自己的成长路径。

一个人习作能力的提高，绝不是一朝一夕达到的，如果成长的路径能够被自己看到，就能清晰地知道自己的本领长在了哪些方面。

班级邮箱也是资料储存的地方，孩子们可以清晰地看到自己的成长路径：

一年级时写的那一句话，得到了老师五颗星的表扬；三年级的时候，已经能够连段成篇地写一二百字的小文章了；五年级的时候，看到自己写的内容越来越丰富。

反省式学习是非常重要的。利用邮箱建立作文库，与别人共享，不仅能提高写作能力，也是非常重要的现代素养。

微信群

微信的特点是高效及时，随手可发布；交互性很强，很容易就能进行回应。

我找到了这样一个微信群：共有 80 多个人。在这里，孩子们不是为了玩游戏，也不是发作业，而是进行朗诵和编故事。比如，创作童话之后，自己抑扬顿挫地讲述，然后在微信群里进行分享。

老师可以逐一进行点评和回复，孩子们之间也可以进行交流，家长也可以发表自己的观点，这就是微信群的一种用途。

微信群的交流非常方便快捷。如果是在班里，40 多个同学一个人讲一个故事，两节课就过去了。但是在微信群里，你可以在回家的车上听，也可以在回家的车上编故事。看电视的时候，坐在沙发上就能与同学们进行交流。

微信群的管理公约

班级建立的微信群，需要一个公约，要所有人共同遵守。

1. 群主在群公告中发布《微信群管理公约》，并负责管理。如果有人违反约定，群主可私下沟通，提醒对方遵守公约。

2. 家长以学生姓名实名制入群，学生和非直系亲属不进群。

3.为了不漏看重要信息，发布学生作品或教师发布信息和通知后，群里成员不用"空泛回复"或"善意点赞"。

4.群中禁止出现推销类、投票类信息，禁止发布政治敏感、宗教色彩浓郁的信息，未经证实信息、负面信息、涉及隐私信息、涉及金钱信息、不文明行为以及用语等。

5.学生在日常生活中发生的矛盾以及针对个人的话题，当事人私下解决，不在微信群里沟通。

6.约定交流时间，晚上9：00以后（紧急事情除外）不再发信息。

以上约定，是为了让微信群发挥更好的功能。

如何利用微信群的功能提高语言能力

1.生活中的随手写和片段练习。

最适合的不是长篇大论，而是生活中的小片段。比如：

今天，我目睹了两次交通事故：一次是我透过车窗看到的，因为开车的人注意力不集中造成的追尾；另一次是在路口拐弯处，两个司机谁也没看见谁，外侧的车估计是抢行，形成了剐蹭。

孩子可以用自己的语言描述，还可以进行分析，并给所有开车的司机提一个小建议，只是一百字左右的小片段，就会得到共鸣。

2.有共鸣的活动记录分享。

比如，班里开联欢会，结束之后大家都不愿意回家，还沉浸在场景中。

这时就可以使用微信群，在回家的路上或家里，都可以回顾联欢会，分享彼此的感受。

把自己的感受变成文字发到微信群里，你的一段话一定能够一石激起千层浪，吸引更多的同学参与讨论。

3. 诸多类型的口头作文训练。

习作时，不仅仅要练习写大作文，还要练习写形式多样的小作文。

口头作文既便捷，又有助于提高表达能力。有的同学随口说了七八句话，引经据典、幽默风趣，这就是精彩的作文，如果在微信群把它记录下来，就非常有意义。

4. 交际性、功能性的语言训练。

学语言除了表达之外，更重要的是交流。有些同学不善于交流，就可以通过微信群来训练自己的交流能力：如何用文字传递出善意？明明很委屈、很生气，怎样才能讲出得体的话？

在交际实践中形成自己的经验，这就是真实的学习。

5. 交流"当下"的情绪或观点。

每一个人都会有即时的情绪，有瞬间的感受。

有同学写了一篇作文，题目是《今天真是快乐的一天》。在文章里，他从早到晚都很快乐，但我估计真实情况并非如此。他在这个过程中肯定也有情绪变化。比如，跟同学闹别扭了，感到沮丧；做作业遇到难题，感觉焦虑；老师不理解自己，感觉委屈……这些都是当下的情绪，都可以在群里分享。这种即时的情绪表达，既能让同学之间进行深刻的情感沟通，又能发展彼此的语言能力。

习作贴吧

贴吧更具有开放性，是一种基于关键词的主题交流社区。它与搜索紧密结合，能准确把握用户需求，属于别具特色的"兴趣主题"互动平台。

贴吧最突出的就是"兴趣"，因为感兴趣，你才会就某个关键词、关键事件产生互动。

贴吧的特点

1. 交叉互动，所有人可见回复。

别人能通过回帖，知道你是怎么想的。比如社会上、班级里、老师提到的一个热点问题、一个关键词，大家都可以发表自己的看法，传播范围也会更广。

2. 平台开放，传播范围更广。

微信群是封闭的，贴吧则可以在更广的人群中讨论。

3. 作文素材和互动过程可记录可保存。

作文素材和习作的互动讨论的过程，可以在贴吧中记录下来，以后也可以在贴吧查阅。

4. 易受外来干扰。

所有的人都可以通过检索关键词进入你的贴吧，发表他们的想法。不过一般小孩子讨论的事，大人不会太感兴趣，也不会产生太多的干扰。

比如，有一个贴吧里的话题叫"回到老地方"，就可以让孩子们写写自己的经历，有什么样的老地方值得回忆。孩子们的假期生活都可以在这里呈现出来，家长也可以发表感言。

如何利用贴吧提高语言能力

1. 聚焦共同话题。

我所在的学校里有孩子们的自主社团，完全由孩子组织，没有成年人干预。想成立什么样的社团，就自己制作海报，去演讲、去招募，招到人了，就制定社团管理规程，举办活动。

这些社团最多的时候有 130 多个，但过了两周，就只剩 80 多个了——自主社团两周就死掉了，你怎么看？

这个数据能够引起很多同学的关注，因为他所在的社团也死了，怎么再建立新的社团呢？大家共同想办法，共同分析问题，这就能够引起热烈的讨论。

在贴吧里进行讨论的时候，他还能够得到同龄人的反馈和共鸣，甚至是辩论，能让话题一下子就火爆了！

2. 搭建观点＋实证的语言模型。

我去很多发达国家的中小学参观时发现，他们的学生在习作创作时，特别偏重论述性的文章，大家很愿意谈谈自己对事物的看法。

而我们很多同学的论述能力很欠缺，尤其是在描述某件事情的时候，最大的问题就是只讲一个观点，而不能用证据有力地支持自己的观点。

所以，我们可以利用贴吧进行讨论，提高论述能力。

3. 训练充满鲜活气息的生活化语言。

我特别不喜欢学生老气横秋。早年在批改学生作文的时候，最令我受不了的，就是班里几十个同学的文章基本上一个样。

学校还要求老师必须写很长的评语。写评语时，我哭笑不得，发现自己黔驴技穷，只能用"语言通顺，逻辑清晰，中间还用了一些比喻句"这样的套话。

后来，我再一看，这些比喻句是我在修改时加上去的，这不等于是自己夸自己吗？

很多孩子在写作文时，语言完全没有在课间交流时灵动有趣。而在贴吧里，张三的话和李四的话，一定是不同的，他们都有自己独特的风格和趣味性。

4. 发展明辨性思维。

思维和语言的关系是，思维是内在的，语言是外壳。

要想关注孩子语言能力的提高，一定要抓到根，这个根就是"他是怎么想的"。只有想得深刻，才能说得深刻，说得清晰。

5. 学会文明的言语交际礼仪。

贴吧同样要有言语交际的礼仪，不能因为开放和自由而胡说八道，甚至不尊重人。

在交流时，如果某个同学的回帖不尊重人，他会收到其他同学的提醒，或者根本没有人搭理他。为了让大家愿意和自己交流，他会主动地学习沟通的礼仪，从而注意自己的表达方式。

这对于孩子提高人际沟通能力是很有帮助的。

美篇

美篇是一款有图文创作、编辑分享功能的 App，一次可以发布 100 张图，75 万字，还可以添加音乐，有助于催生流畅的创作体验。

美篇的特点如下：

1. 图文结合，形式新颖，篇幅容量大。

2. 模板精美，编辑简单，一键发布。

模板不用自己编辑，只要选用就行，插入图片之后，在图片的下方配写文字，之后一键发布，就可以传播到互联网上。

3. 支持随时修改、添加音乐、插入视频、生成海报。

写完之后，不满意的还可以再改，可以插入视频，还可以生成海报。

4. 文章一键打印成书。

可以出一本连环画，这就是属于个人独有的作品。

我们曾经有一个讨论题目叫"走近鲁迅"，孩子在演讲完了之后，就编写了一篇美篇。

我分享一下整个过程。第一步是制作海报，在海报上有这样的文字："初识鲁迅项目学习主题演讲汇报活动开讲啦"；第二步是编写一小段活动介绍文字；第三步是插入图片，展示舞台现场，介绍每一位演说家的演讲内容，和观众们的反应；第四步是对演说家演讲中的内容进行适当的提取；第五步是节选一位家长的反馈。

这就是"学习共同体"的建立过程，把所有的家长都请到演讲现场是不现实的，但当孩子们通过这种创作，还原现场，再通过网络传播出去，就会有更多的家长参与讨论。

这样的课堂，才是没有边界的。

如何利用美篇提高孩子的表达力

1. 活动报道。

图文编排的功能是点面结合，图片加文字解说能很好地还原活动现场。

2. 校园纪实。

让孩子学会关注生活，不一定要关注全世界发生了什么，但至少要关注校园里每天发生的事情。精巧构思，夹叙夹议，写出自己原汁原味的感触。

3. 写景状物。

图文结合的模式，更能够展示对于细节的描写。比如写一盆花，可以从不同的角度拍照片，可以拍全景，也可以拍摄最微小的细节。文字的力量借由信息技术呈现出来，更加具有感染力。

4. 诗歌美文。

可以把自己积累的诗歌美文用上，用各种各样的修辞手法来描绘生活。

比如，我国有二十四节气，每一个节气都可以成为素材。对于其他传统节日，孩子们也可以去查一些经典诗文，再配上美丽的图片，写一写自己在这个节日中的所做、所思、所感。

有道云笔记

有道云笔记是一款能在电脑、手机、网页、平板使用的笔记 App，只要账号相同，在任意一个平台编辑的内容，都可以在其他客户端浏览和修改。

跟同事进行教研讨论，或者采访别人的时候，我会在手机上做笔记，回到办公室，打开电脑就能直接看到我记录的文字，接下来进行编辑、修改，就成了好内容。

有道云笔记的特点是：

1. 随时记录。

文字 / 图片 / 语音 / 手写等多种形式，随时随地记录。

2. 学习过程留痕。

写完的作文可以即时分享给老师或同伴，协作修改，互动评论，即使后期再次编辑后，分享出去的链接内容也会更新，链接永久有效。

比如，今天发了一篇文章，第二天，你又加上了一小段，之后再有人打开你的文章时，看到的就是最新的版本。

分享之后，大家进行相应的评论，作者也能够清晰地看到别人给你的反馈。另外，它还能保存你的修改痕迹，这比在纸上涂涂改改便捷多了。

利用有道云笔记的优势

1. 有读者。

写完了之后发布出去，别人会关注。

2. 习作及时创作，多段完成。

现在生活节奏很快，很难有一大段时间把一篇文章写完，有的时候写着写着，可能会忽然被其他事情打断。在这种情况下，就可以利用多段时间来完成写作。

3. 习作互改的能力。

有道云笔记是可以帮助别人进行修改和完善的，同学之间也可以相互修改。

4. 习作互赏的评论式语言。

在前面讲如何"搞事情"的时候，我提到可以办班级周报，其中有一个环节是同学们进行评论互动和修改建议反馈。在这个环节中利用有道云笔记进行互动，会更加便捷。

讯飞语记 / 输入法

讯飞语记是一款语音转文字输入的云笔记 App，支持录音速记、图文编排、任务提醒、朗读笔记、多端同步、分类管理等功能。

在我看来，它是写小说、写日记、采访、记事的必备神器。

讯飞语记 / 输入法的特点是：

1. 出口成"文"。

有灵感或者想法，只要张嘴说话，它就能帮助你随时记录下来。

有的同学在跟家长讨论某个话题的时候，说得热火朝天，讲得也很精彩，但一动笔就偷工减料，文章质量不高。在这种情况下，我们就可以利用讯飞语记。当孩子侃侃而谈的时候，把这款软件打开，记录孩子最原汁原味的话，之后转成文字，就得到了一篇非常原始的、带有鲜明的个人语言特色的文章。之后，孩子再在电脑上进行文字梳理，一篇精美的文章就出来了。

2. 录入速度快。

思维与写作同步，更容易记录灵感。

我想大家都有过这种感觉：大脑有某个精彩的念头闪过，但一下子就忘了。我们在写作过程中也一样，忽然想到特别精彩的语言，但还来不及下笔，思路就断了。

讯飞语记的录入速度非常快，只要有灵感，只要你说出口，就能及时帮助你记录下来。

3. 轻松收藏。

对写作有用的文章、链接、图片都可以保存浏览。

积累和写作之间密不可分，同学们读书看报的时候，见到一段好的文字，或者一两句话，都可以将它记录下来。以前我们用的是摘抄本记录，但这对于很多人来说是很痛苦的，可能本来很喜欢某一段话，一想到要费劲儿抄写，就没兴趣了。

而语音输入可以让我们在读到一段非常好的文字时，念一遍就能储存在手机上。

4. 口语与书面语协同发展。

在未来社会，各行各业都需要用到文字表达，但更多的时候需要口语表达。比如律师、医生、销售等职业，运用口语的机会更多。

语音输入的功能，能够非常好地检验你的口语是不是做到了以下三条：

（1）干净利落、表述准确。

（2）表现出一定的文化素养。

（3）有感染力、有魅力。

语音输入法能够为我们提供口语和书面语协同发展的契机，帮助我们把当下的想法和创意还原成文字。

如何利用讯飞语记的功能训练语言能力

1. 按草稿或者提纲，用口述的方式录入习作。

2. 边观察边记录。

比如看到两条小狗打架，你想写篇文章。这时你肯定很难拿着笔一边观察一边描写。但现在不一样了，你可以拿着手机，用语音的方式把场景描述出来："小黑狗抬起了头，汪汪汪乱叫。呀，小白狗的爪子搭在了小黑狗的头上，不甘示弱……"

回去之后，稍作整理，就创作出一篇原汁原味、极具画面感的小文章。

3. 进行人物访谈或对话记录。

在人物访谈或对话时，你直接可以把手机递给访谈对象，他讲的话就能变成文字被记录下来。你再进行整理，很快就能完成一篇访谈稿。

4. 记录生活偶得和即兴表达。

比如，爸爸妈妈周六、周日带着你去爬山。爬到了山顶上，有一种"一览众山小"的感觉，你感触很深，迫不及待地想表达点儿什么。这时，你可以向爸爸借手机，信口说两句诗，再说说自己的联想，这就是一段非常好的文字。

回去之后稍作整理，再补充你爬山的过程，一篇完整而精彩的游记就产生了。

5. 进行口语表达训练。

在演讲、辩论等需要口语表达的活动之前，可以先利用语音输入的方式练习一遍，锻炼即兴表达的能力。

6. 用心思考，勤于动笔。

我们不可能像哆啦A梦一样，随时从兜里掏出笔和本子，把所思所想记下来。但现在用语音输入法，就能够十分便捷地让想法变成文字，并形成习惯。

因需发生，不忘初心

以上各种工具，对我们都有很好的启发作用：身为现代人一定要对接时代，利用技术为我们服务。

但最关键的不是弄清楚这些工具怎么使用，而是要把它们运用起来，有这样的意识和习惯。再高端的工具，也得使用了它才有价值。不要仅仅把手机软件定位成玩游戏、消遣的工具，我们完全可以把它们和学习联系起来。

有家长担心，使用手机进行文字录入，会不会让孩子慢慢地变得不会写字了。其实，信息工具的使用对孩子的汉字书写，并不存在必然的矛盾。

不用太担心孩子以后只会用手机打字。在中小学阶段，他用手机的时间肯定是远远少于用汉字书写的时长，这是一个客观现实。

另外，工具的使用，要注意一个原则：因需使用，不忘初心。

初心就是以语言能力的提高为核心目的，使用这些工具的时候，一定要明白自己为什么要使用，是不是真的起到了作用。使用工具的整个过程一定要简洁，因为这些工具和技术是为我们服务的，不要在技术本身上浪费太多的时间。

最后，孩子们要培养自己开发、创新的意识。所有的技术和工具都会更新换代，我介绍的这些方法，多年后也都将成为"老古董"，所以我们在使用过程中，也要有改造和升级的意识——有没有更好的使用方式？能不能找到更先进、更合适的工具？

崔永元说：

耿老师的分享对我触动很大，我算是年龄比较大的家长，很多软件我没有听到过。

耿老师讲的这些方法，看起来似乎是家长在帮助孩子，而事实上，在这些方面孩子更有优势，家长反而要向孩子学习。

我讲一个例子。我们很久之前有一个工作团队，在微信刚流行起来的时候，他们建了微信群，聊得热火朝天，还想拉我进去。我告诉他们："我还没有微信。"

　　那个时候，我还在用短信，我特别不理解为什么大家要用微信，短信不是一样可以沟通吗？

　　后来，他们教我使用微信，并把我拉入了群里。不久之后，群解散了。

　　他们也许在说："他会微信了，咱们不在这儿玩了。"

　　我就反思，肯定是我在这方面很落后，平时跟他们交流的时候可能有让人不舒服的地方。

　　别人觉得你的观念没有更新，就自然会离你远一点儿。这就是为什么我觉得家长也应该学习，只有不断地学习新的技术，才能和孩子更近一点儿。

名师答疑

学生：

　　我特别喜欢讯飞语记。平时在写作文的时候，老师会让我们去模仿一些作文的开头或者结尾，用来参考。

　　有了讯飞语记，不管在什么时候，我都可以用说的方式把当下的所见所闻、所思所想变成文字记录下来。但问题是，学校不允许学生带手机。我希望再过 30 年，学校让学生带手机，这样我们就可以很方便地使用讯飞语记了。

耿春龙：

教育部并没有明令禁止学生带手机进入校园，只是不准带入课堂。

很多学校的做法是控制手机使用的时间。比如，你早上到了学校，把手机放在班级的手机柜里，等到需要的时候再拿出来。

假如我们今天要观看一场篮球比赛，你也要写关于这场比赛的文章，大家不可能带着纸和笔去观看，这样显然不方便。这个时候，我们就可以把手机柜打开，让大家用手机记录观看的过程。

因噎废食，把孩子和手机完全隔开，肯定是行不通的。在当下这个时代，没有人能够抵抗信息技术对人们生活、工作、学习的影响。

对家长来说，越想让孩子远离游戏，反而越会刺激他玩游戏的欲望。

最好的做法是，在手机和写作能力、沟通能力之间建立联系，这样就会自然地弱化手机与游戏的连接。

崔永元：

耿老师说在看篮球比赛时让孩子们带上手机，我觉得此举特别有用。

比如，孩子想写写这场比赛，可以录下视频，反复地看，才能有更深的体会。其实即便是职业的篮球解说员，他也不可能通过一个瞬间的角度，就把场面完整地解说出来。

他要反复地看回放。比如在 NBA 比赛时，篮筐上有 16 个镜头。也就是说，解说员可以从 16 个角度看到球是怎么进去的。

让我印象很深的一个例子是，有两名篮球解说员一起解说一段画面：两米多高的女篮球运动员郑海霞，投球成功。

A 解说员说："郑海霞轻松地把球投进去了。"他用了"轻松"这个词。

B 解说员说："郑海霞从二楼把球投进去了。"

他的这个形容，20 多年过去了，我至今还记得。

耿春龙：

这就是语言的魅力。

我补充一下，在小学阶段，到了四、五年级，要训练学生描写场面的能力。

老师一般会要求孩子们在观看一个人短暂的动作后，使用五个左右的连贯动词，以描述整个动作过程，这是非常困难的。一个特别有效的办法就是把连贯性的动作录下来，反复观看，真实地记录。

只要把现场描摹出来，然后用最恰当的词语去表现他当时的动作就够了。场面描写，就是对于技术最好的利用。

家长：

孩子们用手机交流多了，会不会影响面对面的交流？这两种交流方式还是有点儿不太一样。

耿春龙：

从两个角度来谈谈这个问题。

第一，当孩子无法面对面交流的时候，可以使用手机。

比如放学后，孩子坐着爸爸妈妈的车回家，这时就很容易出现低质量的亲子互动。妈妈一般会问："今儿考得怎么样？挨老师批评了没有？"弄得孩子很痛苦。

既然这样的交流是无效的，那么就可以改变改变，把这个时间还给孩子，让孩子用手机在班级微信群里和同学进行互动，回顾今天班里发生的一些有趣的事，这是非常有意义的。

我们总以为孩子有非常多的时间和同伴互动，其实并没有，手机是帮他增加时间。

第二，还原生活真实的情况，再进行判断。

当下的生活节奏越来越快，我们成年人也很难有机会与昔日的同学坐在一起喝喝茶、聊聊天，我们也只能在微信群里互动。

现在我们很难像过去一样，隔着大马路喊："嗨，咱们一块儿赶集去啊？""好，什么时候去啊？""吃完饭吧。"

现在不可能这样了，我们在约对方的时候，必须讲清楚几点几分，在哪个地方，坐什么车——要够简洁、够明确。

因为现代人的节奏是非常快的，我们很难有长时间的面对面的沟通。通过网络介质进行沟通，就是生存的必备能力。

家长：

传统地让学生把某个句子抄十遍，默写某个段落，把这篇经典文章背下来……这种方式还有用吗？

耿春龙：

像"抄十遍"这样的方式，在我所在的学校很难见到了。这种方式有何意义呢？如果是为了惩罚学生，这种手段早就该摒弃了；如果是为了让他加深记忆、记住这段文字，其实还有更多、更有效的办法。

比如，你让他做小老师，把一篇文章讲给组里的七个同学听，对每个同学讲一遍。大家给他的反馈肯定是各种各样的，新鲜有趣，又有互动，他绝对记住了。这就比抄写十遍要有效得多。

至于说到抄写段落，做一些相应的文字梳理，我们也可以从不同角度来看待这种方法。

首先，中国汉字博大精深，我们在利用信息技术的同时，一定还要动笔切切实实地写字。不仅要写，还要写漂亮，一笔一画写清楚。

汉字是中华文化传承的基因，不能有了先进的工具和技术就丢掉了传统，这两者其实并不矛盾。

崔永元：

我曾经采访了剑桥大学的校长。在采访过程中，有两件事让我印象特别深。

第一件事是我当时提了一个问题：剑桥大学的"剑桥"二字，在《再别康桥》里翻译为康桥。剑桥给人的感觉是很有学术气质，康桥给人的感觉则特别浪漫，您希望我们如何翻译呢？

他说，我们是把这两个合在一起的，既浪漫又有学术传统。

第二件事是关于剑桥的下午茶。

剑桥大学有个非常著名的下午茶传统，三四点钟的时候，大家聚在一起喝喝茶，聊聊天。

这位校长说，喝下午茶的时候，同一桌的经常是一个物理学家、一个化学家、一个历史学家。有时候聊很轻松的话题，有时候聊自己遇到的问题——物理学家解决不了的问题，历史学家居然有办法；历史学家解决不了的问题，化学家居然有办法。剑桥大学的下午茶，喝出了30多个诺贝尔奖获得者！

现在学校的洗手间，会设置一个小黑板，一个人在搞研究的时候遇到了问题，就写在小黑板上，其他人看到了，就会给他出主意。

每个人都有用，每种方式都有用，每个角色都有用。

在作文教学的过程中也一样，老师重要，孩子重要，家长也一样重要。现代的方法重要，传统的方法也重要——将所有的角色、所有的办法结合起来，才会卓有成效。

实践作业

1. 任选一款软件，完成一个作品，展现学生信息技术使用能力和语言表达能力。

2. 与家长共同商定手机的使用时间和规则。

巧用信息技术，让写作更好玩儿——实操篇

在信息环境当中倡议交流，还需要能够从实际操作入手。

实操案例：群里有事

以下栏目可以充分发挥微信群的功能。

第一个栏目：《故事大王》。

学生可以在班级的微信群里发起这样的一个子栏目：《故事大王》。

在这个群里，可以讲一讲发生在自己身上或者别人身上的小故事，可以是真实的，也可以是虚构的，只要能介绍清楚，讲完整就行了。

需要提示的是，既然是群里的事，别只是默默地听别人讲故事，而要有互动。

比如，有一个同学编了一个故事，你很感兴趣，可以接着他的故事往下

编。其他感兴趣的同学，也可以继续往下编，变成故事接龙。

另外，还可以对别人的故事做点评，表达自己的观点，再听一听其他同学的反馈。

这种方法不仅可以用在班级群里，还可以用在家族群里，跟大家互动。

第二个栏目：《一时刻》。

回顾一周的生活，总会有某个时刻是让你印象深刻的吧，你最开心、最激动的时刻，比如爸妈答应你暑假出去旅游；也可能是最伤心的时刻，比如你养的金鱼死了；还可能是紧张的时刻……

这些时刻，你都可以讲给大家听。为了更好地表达你的情绪和情感，你还可以录一小段视频，但一定要注意把自己的语言整理清楚，表达自己真实的情绪。

第三个栏目：《新闻播报》。

不能"两耳不闻窗外事"，一定要关注自己的身边、社会正在发生着怎样的事情。

获取信息的渠道很多，可以听大人讲，也可以看新闻，还可以看公众号的文章，了解一些实事。

了解了国内外的时事之后，挑选出感兴趣的，介绍给大家。在转述的过程中，要像电视节目主持人一样表达，不是照稿念，而是用自己的话说出来。说完新闻事件之后，还可以发表评论。

在进行新闻播报训练时，尽量要语言凝练，还要有自己的见解和观点。这对于我们形成良好的外界感知能力至关重要。

以上的训练内容，都可以整理成文章。如果一周能有一篇这样的文章，一学期就能有 18 篇以上，长时间地积累，作文自然会产生质的变化。

制作班级微信公众号

用软件讲述故事，进行新闻播报，过程看似挺好，但孩子在这个过程中，是否真的扎扎实实地提高了语言表达能力呢？是华而不实，看着热闹，还是真正对孩子的写作有所促进？

我想，这肯定是大家关心的问题。

我举个制作微信公众号的例子来进行阐述吧。

孩子们对于微信公众号的制作，可以分为下面几步：

第一步：用发现的眼睛找到班级中的美。

微信公众号确立后，要有发现的眼睛。要想写出好的文章，选材是第一关，而要想选到好的材料，就得用心体验，时时刻刻关注身边的事。

第二步：了解微信公众号软件的操作方法。

微信公众号制作，有个帮手，就是安装"秀米"这款软件，用它来编辑文章。软件中自带图文排版的教程，你可以轻松学习，轻松编辑。

第三步：学生尝试制作图文搭配的微信公众号文章。完成草稿后，集体讨论修改。

请注意这两个字——"文章"。每一篇微信公众号文章都相当于一篇综合性的作文，这篇作文的难度是比较高的。当然，随着年级的不同，我们的标准可以不一样，中、低年级说清楚即可，高年级要说精彩，说出自己的体会和感受。

对于所有的软件，都是在操作中自主学习的。只要你装了软件，自己尝试一下，都能摸索出相关的使用方法。

一个五年级同学编辑的微信公众号文章《探秘故宫》就很精彩，有简洁的介绍，有路程规划，有图片，有同学们的游记文字，还有以生动鲜活的对话形式呈现的相关知识，非常有趣、非常有创意。

未来的社会，不仅要衡量文章的内在质量，还要关注文章的外在呈现形式。人们的阅读品位和阅读习惯已经发生了很大的改变，如果只是干巴巴地进行信息传递，很难吸引人们阅读。

我采访过创作《探秘故宫》的孩子，问他为什么要把知识点编辑成对话的形式。他的理由很简单，他说自己就爱看以这样的形式表现的文字，大段大段的知识介绍显得太枯燥了。

我们在进行创作的时候，一定要考虑读者的接受习惯和关注点，做受众多人喜爱的微信公众号。

主办电子版《好奇心周报》

《好奇心周报》可以用来记录语言能力的成长过程。

参加工作不久时，我向其他老师学到了一招，就是办班级报纸。又过了几年，信息技术不断发展，就开始做电子版的班级周报，好处就是省纸，传播面更广。我对纸质报纸做过调查，基本上大家看完之后就丢了，特别可惜。

网络时代的小朋友是盯着屏幕长大的一代，作为信息时代的原住民，对于信息科技的接受度比大人更高，所以我们可以尝试着办一期电子版的周报。这份周报，我们暂时起名为《好奇心周报》。

《好奇心周报》的操作方法分三步：

第一步，每周一个小组承办，既搜集国内外新闻事件，还要通过观察、访谈等途径获取身边的信息，筛选几条受关注的新闻，以视频、音频、文字的形式分享给大家。

请注意，每次的阅读或者收看时间不超过 10 分钟。大数据表明，在信息时代，人们的专注时间不会太长，要做到短而精。

第二步，和同学们组成"学习共同体"。大家可以利用零散的时间阅读或者观看信息，并写简单的回应或评论。

这样，不仅仅把新闻复制了一遍，或者把电视台主持人说的话鹦鹉学舌式地讲了一遍，还通过与同伴的讨论，形成了自己的语言特点，形成了自己的观点和想法。

第三步，小组同学分工协作，开展编辑工作，将视频链接、推荐文字，以及同学们的评论等编辑、排版成一份班级电子版《好奇心周报》。

在《好奇心周报》的起步阶段，最大难点在于技术操作。两三期之后，难点则在于要呈现的内容如何具备可读性，如何抓住读者。

在实践过程中，如何才能提高习作能力

成为见多识广的读者

学生要以读者的身份去积累语言，树立习作信心。作文和阅读是不分家的，想有好的习作产出，一定得有阅读量的积累。当下信息量颇多，能够极大地满足我们获取知识的欲望。

学生应当意识到，无论是做新闻播报、公众号，还是做周报的编辑，你都不仅仅是编辑制作的主体，同时还是一名读者，在接纳信息的过程中，通过阅读文字以及与同伴进行探讨，提高认知水平，这是习作的根基。

通过这种将技术运用于习作的训练，你会成为见多识广的读者。

成为小有成就的"作家"

用技术提高语言能力的另一个重要意义在于，可以全方位地提高学生的习作素养。

有的同学特别排斥写作文，感觉写作文既难又不落好，花费的时间还很长，考试从来也没得过高分，慢慢就会产生质疑："我为什么要写呀？"

在这种情况下，就只能得到一个结论：写作文就是为了向老师交作业。

但在利用信息技术实践的过程中，我们会发现一篇文章会有很多追随者。写完之后，可以收到别人的反馈，可能是几十个赞，也可能是追着你问下一期什么时候出，更有可能在评论区留言给你提建议，或者跟你针对某个话题进行讨论。

你可以看到自己的作品发表在各种网络平台中，这会有力地激发你积极写作的兴趣，增强写作的读者意识，收获持久的成就感，也会不断提高你全方位的信息素养。

久而久之，你就会成长为小有成就的"作家"，写作文就再也不仅是为了应付老师。

成为真实生活的"记者"

"生活是习作的源泉"，利用信息技术记录生活、描绘生活、报道真实生活，对孩子变成生活的"有心人"至关重要。

就像艺术家创作有"采风"一说，所有的创作灵感都源于对生活的感受。在文学创作上尤其如此，没有哪部作品是躲在屋子里，自己凭空想出来的。每个优秀的作者，都是生活中优秀的读者。

"故事大王""一时刻"这些活动案例，都是源于对自身真实生活的记录和回溯。学生通过照片、音频、语言记录生活中的情景，积累习作素材，在这个过程中激起情绪和情感体验。在之后的习作中，学生会不自觉地调用这些情景化记忆，自然会写出有真情实感、有温度的文字。

将来即使写命题作文，如果你经常记录生活、记录情绪，自然就不会纠结如何选材。比如，有一个题目叫《成长的故事》。你一看到标题，就能立刻想起很多场景来。

有一次，班里两位同学闹别扭，你帮他们友好地解决了，你发现自己在为人处世方面有了新的提高。

有一次，班里来了客人，你需要向对方介绍学校和班级的生活。你以前很胆怯，不敢跟陌生人说话，但那一天你不知怎的就鼓足了勇气，带着客人在校园里转了一圈，还讲述了很多发生在校园里的有趣的小故事。

这就是成长的素材。你会觉得任何一个命题作文的出现，对自己而言，只不过是从真实的生活中，调用一张照片、一段录音、一段心情。

不仅有的写，而且因为写的是真实的感受，你也想写它，最后写出来的文章一定会吸引人。

让技术发挥最佳的作用

在使用这些技术的时候，家长和孩子要注意一些原则。这些原则有的是我多年积累的经验，有的是我从其他老师那里学来的。

1. 先开枪，后瞄准。

家长在使用软件帮助孩子提高写作水平之前，先要分析到底从哪儿入手，如何全面规划，怎样才能一步一步地让孩子真正地运用起来。

最重要的一点是，家长要用开放的心态接纳信息技术的使用。很多家长对于这些软件有排斥心理，担心会给孩子带来负面影响。事实上，家长最担心的不外乎是孩子拿着手机玩游戏，耗费了时间，沉迷于网络。其实这个问题很容易解决，可以通过共同探讨，制定规则，让孩子养成固定的习惯，把手机和电脑用在真正该用的地方。

老师和家长不要因噎废食，担心自己把握不了局面，因而拒绝让学生使用信息技术。老师可以多组织丰富多彩的班级活动，给孩子们建造写作的锻炼场，并利用线上的沟通工具，为孩子们建立起良好的交际圈。家长也可以参与进来，和孩子们共同去书写、记录生活。

2. 不能一口吃个胖子。

不管是前面提到的"搞事情"，还是现在说到的如何利用信息技术，都不可能是立竿见影的，别指望孩子期末考试的作文成绩能立马提高十几分。习作本来就是慢功夫，它关系到对自我和外界的觉察、对生活的体验，成长得慢是很正常的。

在利用信息工具的过程中，要注意五个关键词：及时、多样、微小、互动、兴趣。

及时：不要拖，发生了有趣的事情，孩子特别想记录下来，此时家长不应要求孩子先完成作业，而是尽量让孩子在第一时间记录自己的所思所想。

多样：各种各样的活动都可以凭兴趣做起来。爱讲故事的，这一学期就去当"故事大王"。爱看新闻，就去当小记者。

微小：不是非要有轰轰烈烈的大事才记录。即便只是身边的两个朋友闹别扭和好了，也可以记录下来。我们的很多感悟是在极微小的事情中产生的，懂得从小事中得到启发，才是生活中的有心人。

互动：千万别自己只跟自己玩。网络技术的目的就是形成交际圈，主动回应别人，并调动别人和自己交流。

兴趣：一定要找到自己的兴趣，家长也要帮助孩子找到兴趣点。

快放寒假的时候，我问他："假期中有什么打算？"

他说："打算也没用，从头到尾全是课外班。"

我问："那你课余时间在干什么，你有什么兴趣？"

他说："没兴趣，就是做卷子。"

如果一个孩子的童年和少年时期都是这样度过的，那他怎么可能有自己独特的创造力呢？

3. 不能高估了孩子的自控能力。

有的家长期待通过一段动情的演说，孩子就形成了自控力，这是不可能的。有的老师也有这个美好的愿望，期待通过制定严格的规章制度，同学们就会自觉地把手机和电脑运用得很有节制，这也是不可能的。

一定要适时关注、陪同，在适当的时机给孩子适当的约束和鼓励，当然，必要的时刻也可以有小小的惩罚，这个惩罚不是体罚，而是调整他的使用时间。

孩子的自控力是需要大人来辅助的，帮孩子科学规划，激发孩子自己多训练，通过不断地训练，孩子就会形成自己控制自己的能力。

4. 比例均衡。

利用网络工具进行习作训练与传统纸笔习作训练的比例要均衡。不同年级，运用网络工具的时间也要有所区别。小学一、二年级的孩子，基本上一周体验一次就可以了；到了高年级，信息搜集能力增强，沟通能力也发展起来了，比例可以适当地提高。

学校里的习作分为三类：第一类是自由创作，长短不拘，在这种情况下就可以利用信息技术去完成；第二类是写作技术练笔，都是一些小片段，要在课堂上完成，一般都需要网络工具和传统纸笔练习相配合；第三类是写在作文本上的大作文，需要学生认真对待。

最后，所有的建议都是为了让信息技术成为我们提高写作能力的助手，而不是禁锢。

崔永元说：

在耿老师的分享中，有个词令我感触特别深——"读者"。

写作文的时候，每个人都是作者。为什么写不好呢？因为我们把自己当成了作者，没有读者意识。

不是好的读者，所以你不能成为一个好的作者。

比如说托尔斯泰、巴尔扎克、李娟、老舍，他们那么多好作品，你要是看懂了，模仿着其中的写一篇就行了，但你还是写不出来，因为你不是一个好的读者。你读了很多书，却只能依旧按照老样子写作。

老舍先生的语言特别好，我是"《茶馆》迷"，我看《茶馆》的话剧至少 30 遍。后来拍成电影了，每句台词都很平淡，每个人说的话都很平常，但组合起来，就觉得像史诗一样辉煌。

比如常四爷说的一句话，特别简单，他说："盼哪，盼哪，只盼谁都讲理，谁也不欺负谁！"特别普通。

有一天，我忽然明白了，《茶馆》写的就是欺负：大官欺负小官，官欺负老百姓，有权的欺负没权的，有钱的欺负没钱的，两人都没钱还互相欺负。这么一个社会是需要去改变的，这个主题立刻就在平平淡淡的一句话之间升华了。

所以，每个人在当作者之前，都要先成为一个好的读者。比如，发现了一篇好文章，分析文章好的原因，不要只是觉得它点击量高。

老舍先生特别会写旧社会的事情，1950年开始写新社会的事情。从表面上来看，那时的街道、商店、住宅也没有太大变化，包括人们的说话方式、脾气秉性还没有太大区别。

如何写出"新"社会呢？他就去采风。他发现，在新的社会也会有旧社会的影子，但多了一些新的感情和新的意境。

在这个层面上，他本人也是读者。

名师答疑

家长：

用手机写东西和写作文不是一回事，用手机写的东西比较碎片化，但作文要求比较全面。这两个能不能对等？

耿春龙：

您说的"不是一回事"，指的是在外显形式上不是一回事。

所谓碎片化，指的是在手机里看到的是只言片语，或者是一个小段落。这跟孩子期末考试的大作文看起来确实不是一回事。

但我想说的是，它实际又是一回事。因为我们现在不是在探讨一篇完整的文章应该怎样布局，我们探讨的是孩子们的习作能力从本质上应该如何提高。

从习作能力提高的这一维度上来看，用手机写东西和用笔写作文是一回事，因为每一篇文章的语句和构思，都包含孩子对所写事物的认知，都是由一段段话、一个个观点组合而成的。

打一个比方，一套完整的拳术，分成八八六十四式，打完了之后就是一套组合拳，参加武术比赛时，还能够拿到大奖。然而，我们在日常训练的时候，并不会每一次练习都从头到尾打一遍，我们会把这一套拳拆解成八八六十四个分解动作。

除了分解动作，还要训练蹲马步、出拳、长跑、速度等基本功。

有了这些零散基本功的提高，再辅之结构、章法的训练，孩子写作的综合水平就能得到质的提高。

这也是我们在使用信息技术时的出发点：不只是为了一个最终的结果，应该从更广阔的视域让孩子的思考力和洞察力有所提高。

家长：

作为家长，有一个词让我很有感触——"接纳"。

作为家长，不要只用防范的心理来看待这件事情。我觉得作为一个家长，可能需要考虑的不是用不用，而是防控风险，在这个角度下功夫，比如如何合理地分配时间，如何让孩子产生兴趣。

从某个方面来说，我们也要信任孩子，别总觉得他必须听自己的话。甚至，我们是否也应该向孩子学习啊?

崔永元:

我忽然意识到，家长有时候角色错了，家长一直在讨论怎么控制孩子上网的时间，其实这个问题家长自己也存在。很多大人可以玩游戏玩到天亮，因为没人管。

比如，我以前特别引以为豪地跟人说，我一年能读100本以上的书，几乎三天一本，但现在我可能一年连20本都读不了，因为时间全浪费在手机上了。

我想了各种各样的办法克服它，但根本没用。一到晚上，我随便找个理由就可以捧着手机玩5个小时。

我最近采用了新战术，就是把要看的书全堆到卧室里，这样就有压力了。

开始的时候是30多本，后来越来越多，有40多本，现在已经堆了200多本，结果呢，一点儿压力也没有。

我觉得耿老师起了一个很好的示范，他也曾向别的老师学，即便他已经是最优秀的语文老师了，还是向别人学习。我们能不能号召家长也开始学习，不要在孩子面前摆谱:"我是你妈（我是你爸），你要听我的。"这个角色无形之中就成了一堵横亘在关系中的墙，让亲人之间无法沟通。

我觉得，家长甚至可以把自己的苦恼向孩子诉说，说不定咱们那点儿破事，孩子能从他们的角度给我们出很好的主意。

耿春龙：

现代这个社会，谁也别把自己当作权威，谁也别把自己当作先知，我们面临的都是不确定的未来。

在很多问题上，不光要向同行、家长学，还可以向小孩子学。

画家毕加索说："我愿意花一辈子的时间，向小孩学习怎么画画。"

教育家于永正说："我教了一辈子书，要把自己教成一个孩子。"

实践作业

1. 选择一款软件，将最近的一篇习作"发表"或者是分享给众人。不是非得登在某个杂志上，各种形式的发表都算，即使贴在小区墙上也可以叫发表。

2. 建个留言区，让大家对你的文章进行反馈。

3. 跟老师协商，在班级里把网络环境下的习作做一次尝试。

作文自改六法：好作文是改出来的

崔永元说：

写作文这件事并不难，不外乎就是"搞事情"。对于"搞事情"的要求也不高，只要你全心全意地投入，有体验，有一个简单的记录就行了。

还可以利用信息工具，非常便捷地记录下所思所想，稍作修改之后，一篇文章就出来了，一点儿都不难。

接下来，耿老师要说的是，如何让一篇文字真正成为完整、精美的文章。这就绕不开一个环节——修改。

好文章是改出来的

任何一篇佳作的诞生，都会经历或多或少的修改。

一气呵成的千古名篇确实不少，但在现实生活中，作为普通人，不是轻易就能达到那种高度的。

那些有名的诗人、作家，即使今天一气呵成，写出了一部千古佳作，但是到下一次创作时，他也会经历推敲、反复打磨的过程。

有一个词叫"匠心"，"匠心"就是工匠精神。

小学生写作文是"习作"，"习"的意思除了包含如何写，还要学习如何改。

古人说，"善作不如善改""文章不厌百回改"。王安石有一句诗"春风又绿江南岸"，这个句子特别美。这样的诗句一定经历过炼字的过程，"绿"这个字带有动态，又带有色彩，你要换成"春风又到江南岸"，那就缺乏神韵了。

鲁迅先生的散文《藤野先生》修改了160多处，而整篇文章只有3000多字。大作家列夫·托尔斯泰有部鸿篇巨制《战争与和平》，前后修改了七遍。

要想写出好文章，必然要经过修改的过程。

走出误区，重视孩子的作文修改能力

所有的语文老师，都会关注到《语文课程标准》中提到的这样一句话："重视引导学生在自我修改和相互修改的过程中提高写作能力。"

三、四年级的学生，要做到能修改习作中有明显错误的词句。五、六年级的学生，要做到能修改自己的习作，并主动与他人交换修改，做到语句通顺，行款正确，书写规范、整洁。

然而，在作文教学中，我发现大多数学生缺乏修改文章的能力。

第一，时间紧，来不及。

一个学期要写多篇作文，大作文就要写 6～8 篇，为了尽快完成"任务"，只能速战速决。

第二，无标准，没方向。

很多学生和家长问我，什么样的文章是好文章，三年级 300 字，四年级 400 字，这就是好文章吗？这是没有找到标准，自然无从修改。

第三，难度大，缺方法。

修改是为了对文章进行打磨，难度当然大，需要有效的方法才能够让孩子提高修改能力。

第四，进展慢，等不得。

能力的提高需要日久天长的积累。我们有时候太心急，等不到慢慢成长，就把结果呈现了出来。

除了以上的客观原因，还有一些是老师和家长给孩子辅导作文时会出现的误区。

误区一：重结果，轻过程。

比如，必须让孩子在规定时间内写一篇大作文，抄在作文本上。只要作文写出来了，就认为是达到了目的，而没有思考过孩子在这个过程中是否得到了成长。

误区二：重知识，轻学法。

讲解了很多知识，但是忽略了孩子写作能力和修改能力的协同发展。

误区三：重讲解，轻自主。

负责任的老师常对孩子"面批"，在面批的过程中会给孩子讲问题，讲应该如何修改。

结果，孩子的修改能力提高了吗？没有。孩子只是按照老师的讲解进行了誊写而已，并没有形成自主体验、自主思考的过程。

为什么会出现这些误区呢？我觉得归根结底是源于三个方面：一是缺乏对孩子修改能力的关注，二是忽略了对孩子写作能力提高的耐心，三是缺乏方法和技巧。

前面两个方面属于认知层面，家长进行自我调整就行了。我主要谈谈第三个方面：缺乏作文修改的方法和技巧怎么办。

作为学生，如何找到适合自己的方法，让自己通过修改和打磨，完成一篇篇佳作呢？

我们可以从两个方面来提高技巧：一是自己修改，也就是"自改"；二是和同伴相互修改，也就是"互改"。

自改六法

对自己文章的修改，主要有六大方法：朗读录音法、画思路图法、表格自评法、出题自答法、归档比较法和冷眼旁观法。

朗读录音法

这个方法的灵感来自古人。古代的大诗人、大文豪常常用朗读法对作品进行修改。

比如：

新诗改罢自长吟。

——唐·杜甫

自家作诗，必须高声读之。理不足读不下去，气不盛读不下去，情不真读不下去，词不雅读不下去……

——清·何绍基

为什么要"自长吟"和"高声读之"呢？因为通过朗读，可以放大作品中存在的问题，如果"读不下去"，自然说明文字还需要继续完善。

来看看下面这段文字：

太阳西下，这时，从厨房里传出妈妈的叫声"开饭啦！"家人围坐桌边。"哇！"一道道美味佳肴把桌子都摆满了，整间房子里散发出香味。随后，大家边吃边聊，有的努力吃，有的互相说话。我们迫不及待地吃了起来。然后，我从冰箱里拿出饮料给大家倒满。说时迟，那时快，爸爸也拿出他珍藏多年的葡萄酒。然后，爸爸举起了杯说："来吧，祝大家在新的一年里身体健康、万事顺利！祝小孩们学习进步！"然后，我们便碰了一下杯。这顿年夜饭在大家的欢声笑语中度过了。

这篇文章该如何修改呢？我在课堂上展示这篇文章的时候，学生们从中发现了几处细节：

1. "整间房子里散发出香味"，可以改为"餐桌上散发出香味"。
2. "努力吃"，这个说法感觉不合适，可以改为"吃得津津有味"。

3. "祝小孩们学习进步"，改成"祝孩子们学习进步"，似乎更合适。

4. "拿出饮料给大家倒满"，改成"拿出饮料，将大家的杯子倒满"。

5. "随后，大家边吃边聊，有的努力吃，有的互相说话。我们迫不及待地吃了起来。"这是一句病句，他前面说自己边吃边聊，后面又说迫不及待地吃了起来，有冲突，前后矛盾。

当然，这段文字存在的问题还不仅是这些。同学们会发现，猛地一看，这篇文章还挺好的，但仔细一读，再调动耳朵一听，就会发现不少漏洞。如果你身边有手机，把它录下来，静静地完整听一遍，就能够找到更多的问题。

比如"然后，我从冰箱里拿出饮料给大家倒满。说时迟，那时快，爸爸也拿出他珍藏多年的葡萄酒"。这爸爸要干什么呀？是要冲锋陷阵，还是要抬脚射门？"说时迟，那时快"这个短语积累得不错，但用得不恰当。

文章的结尾"这顿年夜饭在大家的欢声笑语中度过了"，很显然是"在大家的欢声笑语中，我们吃完了这顿年夜饭"，这才更符合我们日常说话的习惯。

各种各样的句法知识的掌握和运用，对于孩子来说可能还有难度，因为它需要更多抽象的理解。

但千万别忘了，我们运用的是母语。所谓母语，就是你从生下来就一直说的话。写出文章来，你自己念一遍，感觉不对头，就需要改一改了。

朗读录音法就是让自己进行角色换位：你从一篇文章的作者，变成了听众和读者。你站在客观的角度，重新感受这篇文字。

与别人交流的时候，如果对方说话别扭，你一听就能听出问题所在，一听就知道如何修改会更好，这就是这个方法的妙处。

画思路图法

除了语句，我们还要关注文章的思路和逻辑。

有时候，需要写一篇稍长一点儿的文章。这篇文章由多个段落组成，就很容易出现前后顺序错乱的问题。

比如，一个三年级学生写了一篇文章，主人公是他的弟弟。文章中讲述了几件关于弟弟调皮的事，但没有把这些事件的顺序排好，最终呈现出来的就是颠三倒四的文字段落。

所以，除了要注意语句和选材方面的小问题之外，更重要的是把握文章的大逻辑。不管是写一个人，还是写一件事，都得有个先写什么再写什么的思路，而画思路图法就是解决这一问题的。

比如，你写一个人。你会对他不同的特点进行介绍，一个特点介绍完了再介绍另一个特点，千万不能这个特点还没有说清楚，忽然又蹿到下一个特点，接着又想到了前面的特点。

通过画思路图的办法，你可以把你要说的特点一个一个装到框里，就不会杂乱无章了。

之后，再看看自己的文章，如果能够将几个自然段清晰归类，就说明这篇文章的思路是清晰的。

思路图有很多种，你也可以有自己的创意。

有很多作文题目要求学生介绍某种动物、植物或者描写某个场景。比如，我们经常会写小猫、小狗，写门口的大树，写美丽的校园，就可以利用下面的表，把你想写的内容填充进去。

　　我们往往会从不同的角度来描写事物，就可以用不同的方法来梳理顺序。比如，可以将描写对象的特点用凝练的词语进行概括，填进小方框，而在旁边的大方框里，就写上对应的一小段话。

　　第二个小方框写第二个特点，第三个小方框写第三个特点，以此类推。

　　如果能够画出类似的思路图，你就能清晰地把事物或者事件介绍清楚了。

　　又如，我们写某件事情。事件的发展通常并不是从头到尾自然而然的，而是有前因后果，也可能有转折变化。

　　下面是三个齿轮图，以表示事件的发展过程：先是事情的起因，推动了事情的进一步发展，之后加入了新的人物，事情又有了另外的变化。如果你的头脑中有类似这样的结构图，对于讲清楚一件事情非常有帮助。

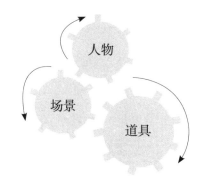

以上的齿轮图讲的是相互关联。再如，有的事情有一个发生、发展的递进和变化过程，就可以运用下面的图：

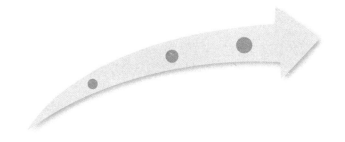

在描述一件事情的时候，往往会有一个起因和一个经过。经过部分可能有两三个环节、两三个节点，然后达到高潮，也就是这件事情最让人印象深刻的那一刻。

举个例子，今天要过节了，最精彩的、最让你印象深刻的是全家人聚在一起，端起酒杯，祝福大家新的一年一切顺利。

如果你认为它是整个庆祝晚宴的高潮，就要把它放在制高点，再结束。

很多文学作品有这样的逻辑。所以，我们的脑子里要特别清楚事件的顺序是什么，几个关键节点在哪里，就像拍电影一样，得选好场景，一个一个地进行演绎和拍摄。上图的一个小点就是一个场景。

有的时候，为了说清楚一件事、一个观点，我们会摆出自己的理由，如下图：

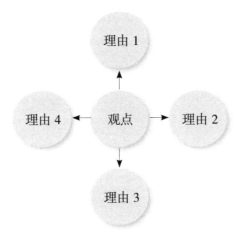

比如"元旦放假三天，不应该留很多卷子"。

你要先阐述自己的观点，然后围绕中间"我的观点：语、数、英各留一张试卷就够了"，讲讲你的理由。四周的小圈圈可以代表你论述的四个角度。

有了这样的思维框架，讲理的时候就容易让他人心服口服。

上图具有发散性思维特点，从一点引申到其他点。下图则是用三个理由来支持一个核心的观点。

其实，这些图本身并不重要，不管你用什么样的图表示都可以，它只是一个辅助工具。

重要的是，你的头脑当中不能只是一大片杂乱的、毫无逻辑的文字。一篇文章写完之后，切切实实是由几百字组成的，但在思路上，你一定要清楚你的描写顺序到底是怎样的，是否有前后连贯的逻辑，用一幅图能不能表示出自己的想法。如果能，说明你从头到尾的那一大篇话是经过设计的。

比如，我们和爸爸妈妈一起去爬山，用手机语音输入法把自己在爬山的过程中看到的、想到的记录下来，回到家整理一下，就变成了一篇文章。

在整理时，除了疏通语句之外，最重要的是厘清思路，几十句话不能零散地堆在一起，而且要理好顺序，把自己的思路表达清楚。

表格自评法

很多学校会在期末考试的时候，用如下表格的标准给孩子打分。

类别（分）	评价量规
一类文 上档：30、29 下档：28、27	1. 紧扣题目要求，选择适当的材料；感受独特，感情真实。 2. 完整叙述，条理清楚；分段表述，衔接自然；内容具体，详略得当。 3. 语句通顺，语言流畅，恰当运用日常积累的语句进行表达。 4. 书写正确、规范、整洁，正确使用标点符号。
二类文 上档：26、25 下档：24、23	1. 按照题目要求，选择适当的材料；表达出自己的感受。 2. 完整叙述，有条理；分段表述；内容具体，详略得当。 3. 语句通顺，语言比较流畅，能运用日常积累的语句进行表达。 4. 书写正确、整洁，正确使用标点符号。

类别（分）	评价量规
三类文 上档：22、21 下档：20、19	1. 能按照题目要求写。 2. 有叙述，能读出条理；有内容。 3. 语句大多通顺。 4. 书写正确，正确使用标点符号。
四类文 合格：18 不合格：10 有字：5 白卷：0	有内容，能读出想要表达的意思。
错别字	错别字 2 ~ 3 个扣 0.5 分，4 ~ 5 个扣 1 分，重复出现的不再扣分，扣分最多不超过 2 分。
卷面	卷面乱，字迹潦草，酌情扣 2 ~ 3 分。

经常有家长因为孩子期末考试的作文得不到高分而发愁，那么就可以参考这个表格，将孩子的作文"对号入座"，进行细致的评估。

一个学期一般会写 6 ~ 8 篇大作文，如果这 6 ~ 8 篇大作文用以上表格自评时，都是处于二类或者三类的话，我们很难期待孩子期末考试的时候在作文上会有出色的表现。

表格的作用，就像一把尺子一样，能让我们非常清晰地知道孩子所写的文章是处于第几类。

比如，第一条的要求是围绕中心，选择材料，写出真情实感。第二条的要求是叙述完整，条理清楚，分段表述，衔接自然，内容具体，详略得当。第三条的要求是语句通顺流畅，恰当地运用日常积累的词句进行表达。第四条的要求是书写正确规范整洁，标点符号使用正确。

这四条就是我们在批改作文时的四大标准。

改文章的时候，最麻烦的一件事就是不知道改哪儿，如果知道好文章的维度在哪里，朝着这个目标去做即可。

有的孩子经过几次训练后，就能清晰地找到自己的弱点。比如，三年级的作文容易出现一"逗"到底的情况。从文章开始，直到倒数第一句全是逗号。

这就是不能正确地使用标点符号，可以有针对性地改。最简单的办法是至少读十篇优质的文章，在读的过程中只做一件事——拿起笔在文章里圈标点，学习文章里的标点是如何使用的。这就能帮你形成持续性的认知，有了这个意识，不到三个月，你对标点符号就能运用自如了。

高年级同学在"详略得当"的维度上容易出现问题，比如介绍某个事物的时候，重点不突出。详略得当有一个最简单的检测标准就是数字数，如果每一个要描述的点都是五六行，就说明文章没有重点，问题就清晰可见了。

我们在写作文前，针对具体的文章制定的表格，有时候需要学生、家长和老师一起参与制定。比如一篇作文的主题是"给予的快乐"：要求写一写你给予别人，或者别人给予你帮助，让你觉得有收获的快乐的文章。

在写《给予的快乐》时，老师可以从几个维度与学生一起商量，制定一个量规表格。作文写完以后，你就可以像老师给你批改作文一样，照着表格给自己的文章进行归类，找出可以完善的地方。

《给予的快乐》			
内容标准	评价等级		
	优秀	良好	达标
内容选择	紧扣题目要求，选择自己关心、帮助他人，并从中感受到幸福和快乐的一件事。 会恰当命题。	符合题目要求，选择的实例能表现自己助人为乐的命题。	选择的实例基本符合题目要求。
	能将事例写清楚，写完整，通过对自己的语言、动作、神态、心理的描写，将重点内容写具体。 表达给予别人帮助给自己带来的幸福和快乐的感受。	能将事例写清楚，写完整，事情发展的过程写得比较具体，描写比较生动，有真情实感。	对事例的描写比较具体，有自己的感受。
结构安排	能按照事情的发展顺序合理分段表述，条理清楚，情节衔接紧密。	能按照事情发展的顺序分段表述，有条理，段落间有过渡。	能按事情的发展顺序表述，条理比较清楚。
	具体地描写给予、助人的经过，重点突出，有层次。	起因略，经过详。	重点欠突出，但能表现给予、助人。
语言运用	主动运用本单元所学的描写方法，用词生动、有感染力。	运用所学方法，用词准确，比较生动。	用词比较准确，描写少，叙述多。
	语句通顺、流畅，无病句。	语句比较通顺，但有一两个病句。	语言比较通顺，但有至少两个病句。

《给予的快乐》		
内容标准	评价等级		
	优秀	良好	达标
其他	标点符号正确，但有 0 ~ 1 个错误。	标点基本正确，但有 2 ~ 3 个错误。	标点很多不正确，有 3 个以上错误。
	字迹正确、工整，书写整洁，0 ~ 1 个错字。	字迹工整，书写较整洁，2 ~ 3 个错字。	字迹较工整，书写欠整洁，3 个以上错字。
特色	成绩		

从内容标准来看，"优秀"是紧扣题目，"达标"是选择的事例基本符合题目要求。同学们可以对照表格，判断自己选择的素材处于什么水平。

对内容选择的水平进行评估之后，还要看看结构安排。"优秀"是能按照事情的发展顺序，合理分段表述，条理清楚，情节衔接紧密。"达标"是能按事情的发展顺序表述，条理比较清楚。那么，在做判别的时候，就要找到衔接段与段之间的句子，好好地读一读，以判断是比较清楚还是衔接紧密。

除了内容选择和结构安排之外，还有语言运用的技巧。好的文章都有自己的特色，比如恰当地引经据典，有的语言风格极富个性，这都可以记录下来。

表格最后面有关于成绩的描述。如果期末考试作文总分为 40 分，文章能得多少分，可以根据表格做出自我判断。

有的同学一看到表格就觉得太抽象、枯燥了，这很正常，第一次使用的时候一定是很痛苦的。所以我的建议是，越早用越好。如果你从小学一年级开始学写话的时候，就用了评价表格，二年级再根据作文难度对表格进行升级，三、四年级以此类推……到了高年级甚至初中，对表格的利用自然会得心应手。

在这个过程中，最关键的不是知道了多少修改文章的方法，而是增强了作文修改的意识、提高了主动性。据我了解，在学校里，老师对学生作文修改能力关注比较少，养成自主修改文章习惯的同学更是凤毛麟角。

所以，如果你尽快意识到，要早点儿行动起来，千万别等到中考时再进行尝试。

出题自答法

学语文最忌讳读写分家，我最爱说的八个字是"多读多写，读写结合"。这是学好语文的最核心的规则。

对于中小学生阅读能力的考查，可以从下图四个维度做出命题，这也是国际上通用的考核标准。

阅读能力	表达能力
提取信息	要点齐全；表达清楚； 前后勾连……
整体感知	中心意思突出；内容完整；结构清晰； 过渡自然……
形成解释	用词准确、讲究； 语言表达有技巧、有含义……
做出评价	人物事物特点鲜明、证据充分； 谋篇布局、修辞、细节描写等表达技巧……

很多孩子会进行阅读答题，但是更高水平的孩子会自己出题。修改作文

时的出题自答法，就是拿自己的习作当成阅读短文来出题，并且自己解答。

如果你出了一道关于提取信息的题目，你自己能答出来，就说明你的文章是有要点的，是表达清晰、前后勾连的；如果缺乏要点，表达混乱，你自然很难答出来。

如果你希望读者阅读完你的文章后能给你出题进一步讨论，你的文章就必须中心突出，内容完整，结构清晰。如果文章写得一团乱，别人看完了都不知道你在说什么，就很难出题了。

如果想要让读者对文章形成解释，你的用词得准确、得讲究，如果整篇文章下来，没有一个值得琢磨的词，没有一个打动人的句子，没有"春风又绿江南岸"的那个"绿"字，那你就很难抓住一个关键词出题，这说明你的文章缺少语言上的亮点。

最后是作文评价，这是个高级手段，也就是对整篇文章，从内容到结构再到情感等进行评价，这个方法把阅读能力和习作能力进行了整合，非常考验一个人的综合素质。这个习惯如果从小学三年级就开始培养，到了高年级就会非常了不起。

这也说明，学习任何技能，最关键的是抓住两个词：整合和关联。千万不能让自己所学的东西变成一个一个伞状的知识点，必须让知识和技巧成为一个整体，让不同的技能之间建立联系，形成自己的能力网。

归档比较法

归档比较就是把自己所有写过的文章进行分门别类，储存在电脑里。如果没有电脑，就分好类放到不同的盒子里。

储存好之后，一学期至少回顾一次。不仅仅看本学期的文章，还要看以前写的东西。

这样做的好处有以下四点：

第一个好处是，不断夯实基本功，不会忘了曾经学会的东西。

第二个好处是，进行归类后，你的脑海里很容易形成一个系统认知。如果我问你："你写过哪些类别的文章？"你有归档意识，就能立刻回忆起来。如果我再问："你写的文章里，对你挑战性最大的一类是什么？"如果你有归档意识，也很容易回答。

第三个好处是，能看到自己的成长轨迹。

第四个好处是，能慢慢找到自己的风格。你刚开始写文章的时候，会有模仿的痕迹，有时候可能模仿老舍先生，有时候模仿朱自清，有的时候充满诗情画意，有的时候诙谐俏皮……风格并不统一。

到了五、六年级之后，你慢慢会找到自己最擅长的语言表述风格和谋篇布局的思路，这样，你就成了行家里手。

冷眼旁观法

文章刚作出，由于心境、环境、看问题的角度等原因，不能一下子发现其瑕疵。放一段时间，各方面情况变了，再看以前所作之文，其疵病就明显了，且不能一次改定。

——清·唐彪

文章刚写完，越看越好："呀，我怎么这么了不起！"因为你是最懂自己的，很难站在客观角度去评价。有时候，你即使没有表达清楚，心里也知道自己要表达的是什么，所以你看自己的文章，总觉得表述足够清晰自然了。

但当你过段时间再看，就能站在比较客观的角度去分析了。你会发现，很多句子可以换一种说法，有些表达可以再优化，有些赘语可以删除，有些观点可以继续补充。很多作家，对自己的作品会进行不断地修改和增删。所以我们常常说，好文章是改出来的。

上面说的"自改六法"属于"慢工出细活儿"的方法，需要长久地训练，养成习惯。

我特别不主张在作文课上，孩子们完全没有准备，老师一上来就说："今天，写《我喜爱的一个老师》。同学们想想要写谁，写这篇作文要注意以下三点……听明白了吗？开始写吧。"像这样出题目写作文，学生肯定会很痛苦，只能是生憋或者是乱写，照着范文抄、搬。

所以，我们不妨给孩子多一些创作空间，让孩子有时间去体验、去思考、去修改。

最后，对家长来说，一定要避免让孩子经历两大误区。

第一个是那些不负责任的课外班，教所谓的"作文速成法"。

一个人如果进入速成的思维套路里，再想静下心来去锤炼自己的内功，就不大可能了。举个例子，玩游戏要不断打怪升级挣装备，突然有一天，来了一大笔钱，让你的装备档次提高了几十倍，轻轻松松就达到了顶峰，你对这游戏基本上就没有兴趣了。速成是最害人的，只能造成模式化。

更何况，写作能力的提高肯定是需要慢功夫的，不能一蹴而就，更不可能上个补习班，就忽然变成了写作高手。

第二个是习作软件。有些公司热衷于开发，一输入几个关键词、要求，软件就"冒"出来一篇标准文。

如果你满足于"写"这样的文章，你就已经把自己的未来交给了机器人。实际上，我们未来能够在社会上立足，归根结底是因为我们是活生生的生命体，我们有自己的体验和感受，有自己的创作和巧思，这些独属于我们自己，不是机器人所能替代的。

任何人都必须扎扎实实地练内功，让习作能力和修改能力协同发展，才有可能写出好作文。习作能力的提高不仅仅是为了拿高分，还是为了让自己更好地参与生活、体验生活、认识生活，在生活中提高综合素质和审美情趣。

名师答疑

家长：

孩子如果没有主动性，文章就会越改越差，别说改百回了，改三回就可能脱离了主题。我该怎么引导孩子自改的能力？

耿春龙：

我们挖掘一下越改越差背后的原因是什么？

这里的"差"，一定是大人认为的差，但对孩子来说，他主观上一定不想越改越差。

我们从做事的情绪和兴趣这两个角度来体察一下：孩子改文章，有没有主观能动性呢？他是觉得被布置了一个修改文章的作业，还是主动发现这篇文章可以再改一改？

从能力层面上来看，孩子想把文章修改好，就必须发现文章真正的问题是什么。

我所提倡的修改方法，在最初实现时，并不是让孩子从头到尾照着做。

最好的办法是大人引导孩子去体验和经历一番，让孩子慢慢觉得，这样做，确实对写作有好处。

比如，用朗读录音法，最好的做法不是立马把方法甩给孩子，而是对孩子说："你这篇文章写得不错，有很多精彩的地方，我们把它录下来吧。"录下来之后，你再对孩子说："我们反复地听一听，看看能不能写得更好。"

用温暖的陪伴让孩子觉得自己可以做好这件事，激发孩子的信心和热情是最重要的。

家长：

孩子根本没有修改的意识，觉得写完一篇文章就已经很艰难了，怎么愿意再花时间去修改呢？

耿春龙：

有没有自主的习惯，是一个比较复杂的事情。

成年人如果写了一份工作总结，会不会修改？大部分的人会修改，会斟酌是否全面、准确、严谨。

这篇总结无论是汇报给领导，还是在团队内部分享，都不能出大错，否则就会酿成"总结事故"。我们带着很强的责任感，肯定会一遍遍地斟酌和修改。

对孩子来说，我们也需要让他有这种责任感。要让孩子意识到，他写出来的文章要"文责自负"。一篇文章肯定会有读者，而不是完成作业。有的孩子写文章喜欢数字数，要求是写 400 字，就一个字一个字地数着写，到 400 字就完成任务了。

其实，孩子不爱修改文章的一个根本原因是，文章不是他想写的，文章不是他的"孩子"，要先想办法把它变成他的"孩子"，让他感觉这个"孩子"是自己培养出来的，他才会产生感情，才会愿意修改。

我就见过，有的孩子作文本丢了号啕大哭，因为他建立起了与文字之间的情感。

家长：

孩子的词汇量比较小，比如要表达"好"，一定有特别多的说法，但孩子只会说"好"。如何帮助孩子呢？

耿春龙：

这个问题其实比较大，它涉及如何积累词汇量来丰富自己的表达。

首先，孩子得有积累。他要大量地品读作品，在品读过程中，有意识地把含义相同，又略有区别的词集合，储存在头脑当中，为"用"做好准备。

其次，就是如何调用这些词汇。我个人把这个过程理解为信息编码，一个人能说会道、妙笔生花，能够把自己所学的知识融会贯通，并且表达出来，这就相当于一个非常复杂的转码过程。

对于家长来说，我们可以这样引导孩子：

第一，激励。家长要留心，一发现孩子文章中的好词好句，就要慧眼识珠，马上"点"出来，予以强化。

第二，示范。大人的语言能力更强一些，在阅读孩子的作文时，可以不经意地在某一段停留，随口对孩子说："我们再试试另外一种表达方式。"这样，孩子的词汇量也会潜移默化地增加。

第三，经历。要让孩子去经历修改的过程，摸索出一套规律，由量变到质变，不能着急。

家长：

写作文肯定需要整块时间。作文在所有的作业中，用时是最长的，修改又比写作文的难度更大。那么，是每次写完作文后就去修改，还是酌情处理呢？

耿春龙：

改文章要因人而异、因文而异。

先说什么是因人而异。如果孩子的基础好，能力强，改文章的时候，力度就可以大一点儿。我就发现很多同学改作文时的修改幅度很大，修改对他而言并不一定很难。

如果孩子是刚开始试着改文章，一定要慢慢来：由浅入深，由少到多，由简单的部分到难改的部分。因为有时候，修改文章是痛苦的，比如辛辛苦苦写了400字，修改的时候删掉了200字，这对孩子的打击非常之大。

写的能力和修改能力是一体两翼，如果他写的能力优于修改的能力，最好是以夸奖为主，不要给太高的要求。

再说说什么叫因文而异。孩子除了写大作文，还要写日记、生活中的小字条和应用文。不同文体带来不同的练笔空间。因文而异，指的是大作文需要精细修改，平常的日记、小字条等有斟酌的过程就够了，不需要反复修改。

孩子的时间很紧张，也很宝贵，不要把他搞得非常疲惫。尤其在习作的起始阶段，还是要关注他的兴趣和成就感。即使让他努力地去改，目标也不是非得把这篇文章改成超级佳作，而是让他通过对一篇文章的修改，品尝到乐趣，以及改完之后的成就感。

崔永元：

很多家长一直觉得孩子写作文这件事跟自己没有关系，学习写作技巧是孩子的事情。但提到家长参与修改，就像当头被泼了一盆冷水，发现一切都变得不容易了——家长的责任非常大。有的家长可能越改越差，因为他们根本不知道作文是怎么验收的。

我个人有一点儿心得跟大家分享：

第一，在理论上，作品和习作要分清楚。

如果是作品，托尔斯泰对自己的书可以改，也可以不改。作品能体现出作家的风格就够了，哪怕是标点符号。我最爱看阿城先生的作品，他惯用短句，爱用逗号。那是他的风格，也不会被扣分，所以他可以这样写。

但对学生来说，习作必须改，因为这是学习的过程。

曹植为什么不改他的《七步诗》？因为他没时间改了，而且这是小概率事件。

第二，在修改中，我们才能真正感受到写作文的难，它是一件需要下功夫的事。

作文不是五个口诀、八个成语就能拿下的，它一定是需要我们付出的。我们大人在修改一篇文章的时候，也会突然觉得自己不会写作，这是个颠覆性的认知。

好在我们有了更多实用、有效的方法，帮助孩子们提高作文水平。我们的方法也一直在革新。

如果让孩子听一听 20 世纪 70 年代的广播，他们一听就会笑，因为所有人说话和唱歌起调都是那么高。现在的人唱不上去，可是那时候，每个歌唱家都能唱上去。

20 世纪 80 年代，有一个革命性的电视节目，叫《话说长江》。之所以轰动，是因为过去的节目全是解说性的内容，而且语调很高亢，但这个节目换了陈铎、虹云老师之后，和以往的感觉不一样了，比如："你可能以为这是汪洋，这是大海吧？不，这是崇明岛，岛外的长江。"语调沉稳、优美，有感情，和以前的风格完全不同。当然，现在的电视节目都是陈铎老师这种风格的了。

我听了耿老师的作文课之后，就发现我们写作文的方法也是不断在变化的—— 一旦某条路走不通，我们就会找另外的路，发现新的方法。

实践作业

1. 尝试选用一种或者多种合适的方法，修改自己的一篇习作。

2. 将修改部分单摘出来，前后对照着读给家长听，然后进行对比，并细心感受修改前后的差异，看看进步在哪里。能够意识到自己在进步，才会对写作更有信心和兴趣。

作文互改法：在交流中写出好作文

崔永元说：

很多同学觉得，写作文已经很不容易了，居然还要修改，就皱起眉头来了——改，只是第一步，除了自己改，还要学怎么互改。

我教作文的方法，通常是先让人感受到作文就是生活中的一部分，体会到写作文的乐趣，然后给出实用工具。也许有人觉得自己学到了讨巧的方式，但是归根结底，学习就是学习。所谓快乐，主要体现在学有所成的成就感上，而不是过程当中的简易。

只有快乐而没有成果，肯定是无效的。就算写作再容易，也不如打电子游戏来得过瘾。

但这两者的不同是，打游戏是消耗自己，学写作是充实自己。

学习修改作文就像锻炼肌肉一样，一开始会很累，会有爬坡的感觉，但如果你找到窍门，持续不断地训练，肯定能达到一种无招胜有招、运用自如的理想境界。最关键的是，你得先用起来，让它成为自己的习惯。

想要坚持下来，也是有一些窍门的，绝对不是自己闷头改，可以加点儿乐趣，加点儿挑战，加点儿与别人的互动。

这就是下面要说到的作文修改方法——互改法。

和谁互改呢？答案是同学和父母。

最好的老师是同伴

有一句话叫"学生最好的老师是同伴"。孩子们自己也认为：当一个学生遇到难题，如果去问老师，可能会觉得有点儿压力，但是问同学就很放松。同学之间很了解，也知道你的问题所在，可以更有针对性地解决问题。

我讲一个小例子。我的一位同事是数学老师，他教同学们玩魔方，但有一个同学怎么也学不会，实在没辙，他就让那个孩子先自己琢磨。

结果下一次上课时，他已经会玩魔方了。原来，是同桌教会他了。

老师很奇怪，同桌是怎么教他的呢？

学生说了一句令老师印象极为深刻的话："老师，您教我的时候是站在我的对面，您摆弄了半天，我也没有看明白到底是怎么转的。同学教我的时候，是坐在我的旁边，我的方向和他的方向是一致的，我照着他的样子做就学会了。"

来到学校，"同学"这两个字不能白叫，真的可以一起学习。尤其在习作修改上，既然有挑战，就带着同伴一起来吧。同一个年级的同学，作文水平不一样。作文水平差不多的同学，在写不同类别文章时，能力和状态又不一样。这就有了"你帮我、我帮你"的可能。

"三人行，必有我师"，同学、同桌都能成为你修改习作、提高能力的老师。

另外，社会对于未来人才需求最关键的两个要素：一个是创新能力，一个就是合作能力。

将来不管你做什么工作，都很难单打独斗，需要跟行业内外的人展开联动和协作。

所以，同学之间在进行作文互改的过程中，能够增强他们跟其他人产生关联、进行合作的意识，这对于他们的价值和意义更为深远。

家长参与，建立相互理解与信任的亲子关系

家长可以参与进来，修改孩子的文章。这也有助于建立良好的亲子关系。

写文章是"言为心声"，孩子写出来的那些话肯定是自己深入思考过的。家长想要了解孩子的真实想法，对事物的真实看法，跟他探讨他的文章，是一种非常高端、有效的亲子互动方式。

青春期的孩子，如果能够跟大人讲讲自己喜欢哪个异性同学，这样的亲子关系是让人羡慕的，说明孩子很信任父母。

小学生的亲子关系也有一个标尺，孩子写完了一篇真人真事，如果愿意主动拿给家长看，聊一聊，那么，他们的亲子关系一定是和谐的。

此外，家长越来越关心孩子习作，想给孩子助力。但更好的方式不是高高在上地进行指导、讲解、命令，而是言传身教，分享体会，跟孩子进行平等的互动。

家长参与互改，有个最大的优势是，他们对于孩子的说话风格和思维方式比老师更了解。如果家长有意识地通过互动，帮助孩子把日常生活中鲜活、生动的语言，落实在习作当中，那将是一件特别美好的事。

在和父母的相处中，孩子讲出自己的真情实感，再通过个性化的语言来阐述自己的思考和感受，这是家长比老师有优势的地方。

同学互改

修改符号

我们先来了解一下修改符号。在进行书面修改时，修改符号是一种必要的工具。

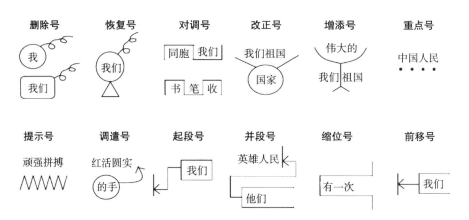

修改符号的用处就是达成共识，所有人，不管是老师还是学生，一看就

能明白你的意思。就像交通信号中的符号使用，是大家共同的认知，一目了然；又如表示"停止"或者"注意"，用个感叹号，大家就明白了。正确的符号，能够帮助我们大大节约解释的时间成本。

在此基础上，我们来进行"互改"，就方便多了。

同学互改有四种小方法：回帖式、批注式、小老师式、互改六问。

回帖式

回帖式修改，有很多便捷之处，特别适合当代的语言使用习惯。

1. 源自网络，时代感强。

现在的小朋友都是网络时代的原住民，对网络互动很熟悉，不管是在文字下方进行留言，还是通过贴吧的方式进行交流，总之，能很好地与话题的提出者进行互动。

2. 回复内容不限，多人参与，生活真实，互动性强。

比如，有个同学写了班级里发生的一件小事，全班同学都看到了，但大家对这件事的看法不同，就可以在他的文章下面一行一行地往下写。这个互动主要的意义在于，能够帮助作者更全面地了解自己所写事件的全貌，了解其他人的看法，启发自己从新的角度丰富所写的内容。

3. 语言活泼，彰显个性，吸引力强。

修改文章很痛苦，但如果用回帖的方式，孩子就会不由自主地被这种形式所吸引，因为是真情实感的沟通，小朋友不会觉得很艰难。这种互动不要求固定的格式，自由表达即可，对孩子的吸引力也比较大。

4. 交流及时，时效性强。

在我的班级，学生写完文章后会随机发下去。学生不管收到哪位同学的文章，都会在文章下面写回帖，之后再传给其他人。这样，每一篇习作会拥有 5~8 个读者，还能收到读者的反馈，这很容易让孩子对自己的文章产生责任感和热情度。

反馈的内容有针对事件、内容、主题、遣词造句、思路、积累运用等。等到全部作文收上来之后，老师再找几个作者念一念他最感兴趣的回帖。这其实就是示范。作者最感兴趣的回帖，说明是对作者最有用的，触动了作者的内心。

用这样的一种方式，大家就互动起来了，还减轻了老师无暇批改作文的情况。

以下这篇文章，你想如何回帖？

胆小的我

胆小是我心中的烦恼之一，它令我永远躲在黑暗的角落里，永远走不出那阴森森的黑暗。我曾多次想克服胆小，可却屡屡失败。

一天晚上，妈妈让我去买两碗牛肉丸，可因我的胆小，走出了大门后，又转过头回家，一直在家门口深呼吸。妈妈发觉了，双眼望着我说："女儿，怎么还没出门啊？这都半个多小时了呀！"我紧皱眉头地说："妈妈，我不敢去买牛肉丸啊！你别让我去行吗？"妈妈唉声叹气地从我手中取回钱，去买牛肉丸了。

还有一天晚上，爸爸和妈妈都在加班，我不敢开电视，不敢坐在沙发上，自己抱着枕头，躲在客厅的角落，眼睛一直盯着门，生怕会从门外进来一个小偷或一个鬼。我全身一直都在抖，没有一时一刻不在抖。我想克服胆小，脚一步一步地迈出去，看到了灯光照不到的阳台，我立刻又回到了原点，缩了起来，心里更害怕了。我眼睛紧紧地闭着，一阵胡思乱想。一会儿，我的恐惧好像小了一点儿，就试着把脚伸出去，刚踩着地时，妈妈就开门进来了，我以为是鬼，"啊"地大叫一声。当反应过来那人是妈妈，我赶紧往妈妈身上扑了过去，紧紧地抱着妈妈。

胆小，使我在这黑暗的日子里饱受折磨，真希望有一天能解除这个烦恼。

针对这篇文章，我的学生收到了一些回帖：

1. "可却屡屡失败"后面可以加上"但我不会放弃"。

这是针对语句，是补充了语句内容的回帖。

2. 胆小的你还能写出这么好的文章，你要胆大一点儿，还不得"上天"哪!

这是与作者进行心灵沟通。

3. 想象力很丰富，现实中没有鬼，但是作者写到了"生怕会从门外进来一个小偷或一个鬼"。

这是抓住了一个细节，对作者的想象力进行了回复。

4. "我不敢开电视，不敢坐在沙发上，自己抱着枕头"改为"我不敢开电视、不敢坐在沙发上、自己抱着枕头"。

这是针对标点的回帖。

5. 胆小的女孩，你好，你要敢于实践，只要你实践了，你就会觉得一点儿也不可怕。

这样的回帖已经脱离开了习作的技巧，而是人与人之间的对话了。

6. 你有胆量写作文，怎么没有胆量克服自己的胆小呢?

这是提出一个问题。

如果我是作者，看到回帖会感到开心和温暖。我感觉自己写出来的文字有力量、有生机，能够跟更多的人互动，不再只是一份作业了。

互动性的增加，会帮助孩子意识到，他写出来的东西是有价值的。之后，他再写作文时，就会有一种期许——希望自己写出来的东西有人看。

批注式

批注比回帖更具有专业性。阅读的时候对文章进行批注，有以下特点：

圈圈点点，标记触动：标注自己触动的地方，想怎么圈就怎么圈。

心有所感，笔墨追录：心里有感受，马上记下来。

三言两语，生动传神：不要长篇大论，别浮想联翩，简明扼要地进行说明就行了。

可以从内容、写法、结构、语言等方面对文章进行批注。孩子们改自己的文章，未必这么用心，改别人的，可以从不同的角度试一试。

批注的位置可以是"眉批""首批"（批在开头），也可以是"旁批""侧批"（字、词、句的旁边，文稿右侧），还可以是"尾批"（批在一段或全文之后）。

眉批，眉就是一篇文章的最上方，或者叫首批。

还有旁批或者叫侧批，因为我们用的稿纸，一般右边或者左边会有空白区域，大家可以把自己的批注写在那里。

尾批是要回顾全文，给作者反馈一个完整的阅读感受。

有个同学写的一篇文章叫《往事》（如下图）：在班上传阅了四五个同学，他们为这篇文章分别做了批注。

沈韵

往事

开门见山

　　小时候，我特别喜欢逞强。即使遇到再难 直逞强!!
的事都会自己忍着。但是那一次的转圈比赛后，
不仅在我左膝盖的上留下了永久的伤疤，也让
我明白了适可而止的道理。干脆利落地弧这个事情

　　大约三年前的一个晚上，我和王珊一起在
楼下玩，王珊突然提议玩转圈比赛。"好啊好啊!
我早就想跟你比比了!"我兴奋地上窜下跳。"这
样吧，我们转100圈。谁先转完谁就是冠军!"王
珊又自信地加了一句。"不过，我跟你讲，肯定
是我赢!""那可不一定哦!"我又叉着腰，开始和王
珊大眼瞪小眼。我俩就像两只牛蹄一样到了比
赛场地上，准备开始我们的比赛。

　　"3!2!1! 开始!"王珊的声音刚刚落 我们
下，我就伸开双臂，快速转了起来。(我将头高 的眼都
高扬起，抬头看天，珊下飞速转圈，好像踩了 很晕，
风火轮一样，头发飘来飘去，好像在御风而行) 不服输
　　"30……40"我有点晕，慢慢停下来，努力使 第一次
自己站稳。我定睛看向旁边的王珊，她还在转 是我情
我的脑海中不禁浮现出了王珊胜利时的表情， 逞强地
继续转
下去

（ ）说出了我（很努力地）转圈，为后面发挥作埋下了伏笔

耳边好像响起了王珊的声音，"看，我就说我会赢的吧！"我不禁握紧了拳头，张开双臂又转了起来。这一刻，我全然不顾已经晕头转向的大脑的抗议，转得越来越快。"89、90……"我实在是转不下去了，我的速度又慢了下来，只觉得眼冒金星，天旋地转，仿佛自己成了宇宙的中心。"90、91……"王珊在一旁大声地数着，地马上就要到了！我咬咬牙，眼冒金星又怎样，天旋地转又怎样，我一定要赢！我又再一次强迫身体跟跟跄跄地转动起来，但我的身体已经明显不听我的控制了，只有脚还在一直不停的转着。渐渐地，我偏离了人群，竟转到了小截台阶前，我眼角的余光瞥到了那一小截台阶，但是金只差四个了，还有四个，我就能赢了！我咬着牙继续转，而就在我转完想赶紧性回撤的时候，为时已晚。"啪！"我一个狗啃泥直接摔到了地上。一阵阵针扎般的疼痛便时爬上了我的胳膊，蔓延到了我的全身。

那一跤，在我胳膊肘上留下了一个伤疤。

好了伤疤，我还记得那次的疼痛，也让我明白

维克多利

20×20=400

我们可以看到：

批注："开门见山""直入主题""干脆利落地引入这个事情"。

看来，这篇文章的开头得到了几个同学的认可，觉得文章没有废话。

批注："叉着腰""大眼瞪小眼""斗鸡"。

这是对于动作描写做的三角标注，同学觉得这些词非常形象，所以打了着重符号，还在右边写了自己的思考"我们的胜负欲（求胜欲）都很强，不服输，为后面不顾一切做了铺垫"。

批注：括号里写出了"我"很努力很带劲地转圈，为后面"我"受伤埋下了伏笔。

这是上下关联地看文章，并且是通过一个括号的方式，把自己所要说的那段话标示了出来。

批注：第一次是稍微有点晕，但还是逞强地继续转下去。

这就是一个阅读感受，读到这里就知道了作者的逞强。

批注：第二次晕的程度更深了一层，更加突出了"我"的逞强。

这篇文章强调的就是"我"在过程当中不断地想让自己有力量。

批注：比喻生动形象地写出了"我"当时的惨状。

这实际就是阅读短文当中的一个考题："这句话的写作作用是什么？"在此处，孩子们不自觉地把同伴的文章当作了阅读短文的训练。

这篇《往事》主要叙述了自己曾经的逞强，留下了伤疤。不管这篇文章是否优秀，孩子们阅读之后，都能从自己的关注点给同伴留下印记，这些印记或多或少会对作者完善自己的文章产生帮助。

从上面这篇作文我们也可以看到，做批注对孩子的写作水平有很多好处。

1.读写结合，转换视角，读写互促。

对于作文水平优秀的孩子来讲，提供给了其他同学进行阅读训练的素材。反过来，他也吸纳了别人的意见。

2.凸显语文学科本质，专注语言能力发展。

批注式不强调生活互动性，它强调的是语言上的交流。

3.深度交流，互相借鉴，各有提高。

同伴间还可以进行反批注，就是对批注的批注。这种二次批注，能够达到真正的双向互动，效果也很好。

4.不断增强自主修改文章的意识，增强读者意识。

有的孩子不爱改自己的文章，更愿意帮别人发现问题，那么就可以先帮别人改。通过给别人改，强化自己的修改技巧，并且意识到好文章是改出来的。慢慢地，他就能改自己的文章了。

此外，增强读者意识也是很关键的。文章是要跟别人交流的，要站在读者的角度去想自己是否表达清楚了。批注能够有效地帮助我们进行自我反思。

小老师式

小老师式的互改方法，也有一定的特色和优势。

1.利用了顺应心理：小孩子都爱当老师。

同伴互改和回帖的方式，属于一种自然状态下的同学之间的互动，但实际上很多孩子更愿意当老师。虽然"好为人师"有时是一种弊端，但我们可以利用这种心理特点。

2.进行能力迁移：像老师一样做、一样想。

老师面批改作文，对孩子的作用非常之大。孩子们也可以模仿老师，看看老师会如何想、如何做，模仿老师那样去修改文章，这种能力迁移是能够实现的。

3. 学习专业对话的艺术：慢慢掌握对话语言的运用技巧。

我们在线下开课时，崔永元老师在一个同学回答问题之后问了一句："你和别人交流的时候一般都不称呼他们吗？"

发言的同学马上就说："胆小的女孩，你好。"

实际上这件事表现出来的是对于"专业对话"的学习，因为我们都知道，崔老师是非常擅长谈话的。谈话里有一种专业技巧，就是一定要给对方一个合适的称呼，后面的对话才能更好地进行。

在一个班级里，如果同学和老师在对话时能关注到沟通中的语言艺术，这个班的语言水平就可以说已经进入专业的程度了。

生活中，我们在说话的时候，能有意识地让语言更干净、更简练、更准确，是一个非常了不起的能力。所以，有人说"好的语文老师就是一门好的语文课"。其实，这句话还可以拓展成"好的学习语文的班级，每一个孩子都会关注语言的形式和艺术"。

互改六问

小老师式用起来之后，我推荐如下的技巧：

首先是问作者。

两个人互相改，看文章的人照着下面的话问，就能问出效果。

第一个问题："你写完后，读第三遍的时候，改了哪些地方？"

这个问题很简单，却有两个妙处：第一个妙处是督促作者好好读文章，作者得先读三遍；第二个妙处是让作者发现哪些地方要改却没改，改文章首先是作者的事，督促作者先承担自己的责任。

第二个问题："把你认为最精彩的地方讲给我听。"

请注意，不是"读"，是"讲"。一篇文章写完，作者终归有自己认为最精彩的部分。让作者说出哪里精彩，实际是帮助他找到成功感和成就感，也能帮助作者反思自己在写作过程中最用力、最用心的地方，将来就变成了可迁移的能力。

不断强化这种正向的力量，比受挫败要有意义得多了。

第三个问题："有什么我能够帮助你的？"

请注意，这是在问作者，言外之意是提醒作者不要指望把所有的事情推给别人，别让别人替代自己去思考。解决问题的第一步，是要自己知道问题在哪里。这就是同伴在帮助作者进行自我反思。

有的作者说："这篇文章我妈妈看过一遍，她觉得我平常抄了好多好词好句，这篇文章却没有用上，我希望你帮助我这一点儿。"

有的作者说："我写这篇文章，内容比较短。我想把这件事情写得生动具体，该把文字加在哪里吗？能帮帮我吗？"

还有的作者说："这篇文章写完之后，我发现不知道谁是主要人物了，我写乱了，能帮助我把主线梳理一下吗？"

类似问题是学生在习作修改时的对话。养成了习惯之后，就能做到两点：第一，我们明白文章好在哪儿，不好在哪儿；第二，有了新的意识，知道改文章可以有新的角度。

问作者的三问，实际上只是搭了一个架子，想真正解决问题还得靠作者自己。这才是同伴的真正作用，而不是替代作者本人去思考。

再次是问读者。

第一个问题："读完我的文章，你最感兴趣的地方在哪里？"

了解读者最感兴趣的部分，就引入了他人的视角。你就明白了，原来那样写，读者最感兴趣。

第二个问题："在……处，可以怎么增、减、改、调？"

这四个"怎么"不是一起问的，一般可能是在某个地方，你觉得写得不够具体，就可以和读者讨论。比如说："××，你帮我看看文章的第五个自然段，你觉得可以增加些什么东西，我想把这个地方写得更具体些。"同伴一说，你记录下来，这一段就丰富了。

如果你觉得这篇文章详略不当，需要在某些地方做减法，又不知道怎么压缩，也可以问问同学，该如何删减。

如果你觉得顺序上需要调整，可以问一问："这三个自然段，我在表达的时候不够清晰，你能告诉我怎么调整顺序和逻辑吗？"

作为作者，首先要能自己找到问题出在哪里。就如同一个人去看病，得自己告诉医生"大夫，我左腿的膝盖有点儿疼"，而不是说"大夫，你猜我哪儿难受"。

第三个问题："围绕主旨，你还想了解文中人物和事件的哪些细节？"

比如你描写某个乐于助人的同学，在文章中写了一些相关的事件。你就可以问读者："对于这个人物，你还想了解他在帮助别人时的哪些细节？"这是请读者站在更客观的角度"冷眼旁观"，提出一些期待。

读者可能会这样回答："他帮助同学的时候，除了借给同学笔，还有什么细节？"

通过这样的询问，可以重新挖掘头脑中对当时事件的回忆，想起更多曾被你忽视的细节，从而写得更细致、真切。

尤其是小学生写文章，很容易出现通篇流水账的情况，因为缺乏细节。

缺乏细节的原因不是写不出细节，而是脑子里根本就没有想过细节。通过互问，会启发作者补充动作、表情、语言、感受等内容，让文字更生动。

互改六问实际上是一个语言支架，初步使用的时候，我建议直接按照我列出的固定句式来问。像这样问来问去，通过修改几篇文章后，再把问题融会贯通，从而总结出独具个性、有针对性的问题。

"六问"不仅可以用于同学之间，还可以用于家长和孩子之间。

亲子互改

亲子互改之"互动原则"

同学之间的互改是平等的互动，相对来说比较轻松。亲子互改则常常会出现很多状况，陷入各种误区。

给孩子讲题本来就够"危险"，容易"鸡飞狗跳"。给孩子讲怎么改作文，很容易发展成捅"马蜂窝"。

所以在讲亲子互改的具体方法之前，我先强调家长和孩子都要遵循的原则。

1. 角色：视孩子为家里的主管，把家长当成代课教师。

改作文之前，千万要有一个定位：这个孩子不是你的孩子，而是给家长发工资的主管，这实际是给予孩子尊重。

孩子也要把家长当代课老师，不要因为对方是父母，就产生过分依赖，觉得"你帮我把这篇文章改改怎么了，还非得跟我较劲儿""你平常一本书都不读，还好意思教我怎么改文章"。

双方把自己的角色定位都调整好，再开始工作。否则，只要一方站不准位置，就会出现"惨案现场"。

2. 场合：轻松愉悦，温馨舒适。

一是物理环境，二是心理环境。如果家长在单位受气了，就可以暂停，以免把负面情绪转移给孩子；如果孩子在学校里考试没有结束，也暂停，以免孩子感觉压力过大。

3. 内容：抓大放小，三长两短，适可而止。

一定要抓大放小，不要事无巨细，也不要指望一口吃成个胖子，修改一篇作文就能成为作家。要发现最关键的问题是什么，一次解决一处就够了。

家长可以想想自己刚参加工作的时候，做 PPT 进行汇报，领导听了，也不会从头给你捋到尾，更不会期待你一下就成为一个职场精英，而是帮着你逐步完善。

"三长两短"中的"三长"，指的是找三个大的地方——句子或者段落进行修改；两短就是两个微小的地方，换个词或者调换个顺序就够了。

要适可而止，灵活把握。如果情绪好，效率很高，可以多改一点儿。如果状态不好，交流出现了困难，就立马打住。

4. 目标：相比于改好文章，修改的乐趣和方法更重要。

对习作来说，一篇文章没有写好，下篇文章还有机会写好。一篇文章没有改得尽善尽美的，改个八九不离十就足够了。一定要找到修改过程中的乐趣，积累修改的方法，这才是关键。

教学有三个级别：初级教学是把知识看得很重，让学生获得知识就是最终目的；中级教学注重能力和方法的传授，授之以渔，而不仅仅是授之以鱼；最高级别的教学，是意识到孩子拥有独立的人格，在互动的过程中，关注孩子的感受和体验。

家长在帮助孩子修改文章的时候，也要有这样的意识：我们的目的不是写一篇好文章，而是培养一个有独立思考能力的孩子。

亲子互改之"家长三问"

第一个问题："你的文章主旨是……文中有助于凸显这一点的地方在哪里？"

"你的文章主旨是……"这不是提问，而是让家长讲出来，比如：孩子写了一位老师在学生毕业前夕，对同学们未来人生的关心，用以说明这是一位特别爱学生、对学生充满期待的老师。

家长讲出文章主旨的根本意义是告诉孩子："我认真读了你写的文章。"孩子会觉得"你特别懂我"。之后，家长再进行其他方面的沟通，孩子的心里是舒服的。反之，如果家长根本没有读，没有让孩子感觉到"爸爸妈妈真懂我"，一上来就指导，孩子一定是不开心的，会产生排斥心理。

家长点出主旨之后，接下来就要帮助孩子审视自己的文章，看看文章的主旨是否明确，素材是否恰当。

第二个问题："你的这篇文章从名家或者别人那里借鉴了哪些技巧？"

问这个问题的目的是，让孩子意识到自己读了那么多的书和文章，是否形成了一种借鉴的意识。

创作往往是从模仿开始的，然后嫁接、重组。重组后就可以自动生发个性创造。

这个过程的第一环就是从别人那里借鉴，无论是书还是影视作品，甚至是动画片，都可以成为孩子写文章的创意来源，从中借鉴思路。

第三个问题："文中……这一处，是……意思吗？"

孩子在文中没有写清楚的地方，家长千万不要直接说"你瞧，你又语句不通""你这段写得乱七八糟的"。负面的评价会让孩子产生抵触情绪，甚至会产生逃避心理："下次有作文，再也不会让你们看了！"

所以我们可以换一种说法，进行正面猜测："这一处是这个意思吗……"如果孩子肯定了，家长可以接着说："这句可以这样表达……你试试？"

还可以反着说："你文章中这一处是这个意思吗……"孩子说："不是，我想写的意思是……"家长说："噢，原来是这个意思，那我们按照你要写的意思重新捋一遍吧。"

修改的最佳境界——"发表"

孩子们写出来的习作，不管是一段话，还是一两句话，还是一大篇文章，一定要让它有用武之地，有观看之人。孩子付出了很多的努力，千万别像泥牛入海一般悄无声息地结束。

我所在的学校有一次举办科技节，准备邀请中科院的科学家给孩子们做科学知识的讲解。这时，就可以让孩子们写邀请函。当科学家被邀请来，孩子们会很有成就感。

家长想帮孩子提高作文能力，一定要记住一条：让孩子的文章在各种场合"发表"。

"发表"的原则如下：

第一，多写具有生活实际功能的文字。

比如邀请函、书信、公告等。

第二，把文字从作业本上搬移到生活中。

作文本上的文章，读者是老师，只是打个钩，打个分数，而生活中充满了人与人之间的交际。

第三，让更多的人读到或者听到孩子所写的文章。

我有一个好朋友，她让女儿读《三国演义》，每读完一章，都要女儿评论这一章节当中的人物。

更好玩的是，她把女儿的点评放到了网络平台上，并且邀请更多的朋友去听，大家点赞、分享，写反馈意见，小女孩找到了当小明星的感觉。

第四，积极主动地收集"读者"的反馈。

要文责自负，一方面是保持原创性和真实性，另一方面是写完了之后不要把文章扔掉，而是负责到底，关注这篇文章到底有没有产生作用。

最后，我特别希望孩子和家长都把语文学习当作一种融入生活的乐趣，而不仅仅是一门单独的学科。

作为语文老师，我的职业习惯会正音、纠词，当有人引用文字恰到好处的时候，会两眼放光。

我总有一种梦想，在我任教的班级里，每当我们说一句话，大家会去斟酌，这两行话摆在一起，前后逻辑对不对，用词是否准确，有没有更合适的表述方式。

我还有一个梦想，孩子跟家长讨论事情的时候，也能够有一些语文的味道，咬文嚼字、品味话语、体会逻辑，感受语言的艺术。

我也希望所有的家庭能够像一个生活中的语文课堂，来关注语言形式，至少在谈孩子习作的时候，多一点儿专业的语言形式的对话。

名师答疑

家长：

父母都在管教孩子，孩子应该听谁的？好作文的标准是什么？

耿春龙：

先回答第一个问题。我觉得父母确实需要分工，方法可以不一样，但教育的观念要一致。我们培养孩子，首先要意识到他是一个独立的个体，别总想着"他是我儿子""她是我女儿"，而是要明白——他（她）就是他（她）自己，他（她）将来成长的样子，不是你"塑造"出来的。

我们要尊重孩子的个性，不是循着家长的设想生长，而是让他（她）自然而然地生长，成为独立的、有自我意识的个体。

第二个问题：好作文的标准是什么？

我个人认为中小学生的好作文有两个判断标准：第一是人们爱看，比如孩子、同学、老师爱看；第二是能够引起人们关注的应用类文章，比如孩子给市政府写一封信，给居委会写建议书，如果孩子写的东西得到了别人的关注，在生活中产生了作用，就是好作文。

有的家长可能担心孩子的作文分数，在我看来，如果以上两个标准都能达到，期末考试的分数就是"小儿科"。

家长：

习作源于生活，孩子有丰富的想象力，在习作当中可能会加入自己的一些创造，或者说"捏造"。

作为家长，我们是应当多加鼓励，还是要求孩子忠于事实？

耿春龙：

课程标准有明确要求，小学生要写纪实作文和想象作文两类，初中和高中基本上是给相关的材料或者主题，让孩子们谈自己的观点。

小学语文从三年级开始会有一到两篇大作文，要求写想象文，可以写想象中的事物、故事，编童话故事也行，这是孩子在小学生阶段就要进行的训练。

对孩子的创造肯定是要鼓励的，并且还要鼓励孩子想得越细越好，越新颖越好，因为孩子的想象力是无价的。

我教三年级孩子的时候，得出了一个经验：不要求孩子必须写 400 字的小童话，因为短短 400 字要写出一则很好的童话是很难的。写一则童话需要有背景介绍、人物角色和角色之间的互动，还要有故事的发展、高潮、出乎意料的结尾，以及引人深思的内涵。

所以每到"童话单元"，我们就变成了"童话大王"，像郑渊洁一样，出一本杂志，把所有孩子的童话创作编辑成册，发给同学和家长。可长可短，不受字数限制。之后，评选出大家喜欢的。第二年，在这个基础上再去写。这个过程就能释放学生的想象力。

我从你的问题中看到了你的担忧，你可能担心孩子在写一个真实的事件时，加入自己想象的成分。我个人的看法是，只要没有明显违背生活常识的想象，大人不宜过多干涉。文艺创作有时候就是把多件事情拼在了一件事情中，然后，难忘的一件事就出来了，只要逻辑清晰即可。

家长：

我家的孩子特别喜欢看书，但不擅长引用，书上的东西，他就是不"搬"

到作文中，怎么办？

耿春龙：

最简单的技巧就是强化，孩子用到一次，你就表扬一次，用两次，你就表扬两次，这就是"扬长"，让他不断地发现这样做的价值，他就从中积累了经验，慢慢就形成了模式。

家长刚才提的问题里有一句是负面评定，说孩子"不擅长……"。这是我最担心的。家长可以换一个角度来看。我们看待孩子的时候，一定要留意到杯子里已有的半杯水，而不是悲观地想着"水少了半杯"。

用正面的语言代替负面的评论，才能帮孩子提高自信心。

家长：

孩子给名著挑毛病可以吗？

耿春龙：

有一个孩子给《红楼梦》挑毛病，就是发现《红楼梦》里做的菜，不是很现实，跟贾府所处的背景不一致。

这是孩子自己的爱好，无伤大雅。

崔永元：

有一次，我有机会吃到《红楼梦》里讲的菜，反正我不爱吃。

有这样一个故事，叶圣陶先生是一位教育家，有一次，课本里要用到郭沫若先生的一篇文章——《天上的市街》。叶圣陶先生一看就说不对，应该是《天上的街市》。之后，编辑们就给郭沫若先生发了一个函，讲到课本要引用文章，并且讲了为什么要改成《天上的街市》。郭沫若回函同意。现在课本上的就叫《天上的街市》。

朱德有一篇文章《母亲的回忆》，叶圣陶先生一看，说，这篇文章是回忆母亲，而不是母亲的回忆，所以，叶圣陶先生给朱德办公室写信，朱德亲自回信表示同意，也就改过来了。这篇文章也被选进了课本。

文人之间还有"一字之师"的说法，很文雅、很有趣。

所以，对于修改名著，我觉得可以有这样的原则：可以研究名著在表述上有什么问题，然后去写论文，在论文中自由发挥，但我不建议直接修改名著，比如四大名著，作为一种文化，是需要记忆、需要保留原貌的。

对社会上大部分的流行作品，可以用来修改病句，让孩子在修改的过程中，明白文章是有修改空间的，我们可以把原来的文字修改得更好。

实践作业

1. 与同学或朋友互相修改习作，记录如何修改的，分享给家长或老师。

2. 将自己每一年修改的习作分门别类整理成册，形成自己的习作修改案例集。到期末考试之前，回顾一下这些习作。把习作修改的例子记下来，慢慢就能形成自己习作修改的档案库，知道自己在哪些方面有所提高。

3. 下面的一篇习作来自我的一位学生，你可以站在自己的角度（家长或者其他同学）试着回帖。

我的理想

理想是人生的动力，没有理想，人生就没有了奋斗的激情。我的理想并不是很伟大，只想当一位小小的旅行家。

旅行家？有的人很不理解，好好的家不待，干吗要在这匆忙的世界中到处奔忙呢？太辛苦了。而我的回答是虽然辛苦，但当我到达目的地的时候，望着美丽的风景，烦恼和疲惫都抛到九霄云外去了，而且在旅行中我可以学到很多，懂得很多，我想走遍全世界每一个角落，领略那风土人情，去了解那些奇花异卉，去保护那些纯真善良的动物。

如果哪一天我真的已经走遍了全世界，我会停下脚步，把我旅行的经历、懂得的道理、获得的知识，以及大自然的美丽编写成一本书，命名为《我眼中的世界》。

我知道在旅行途中可能会遇到许多烦恼，但那又有什么关系，有机会走遍千山万水，发现一些稀奇的植物或动物，为世界造福，丰富自己的人生经历，才是最幸福的。我会为我的梦想去奋斗，我喜欢成为一位旅行家。

用对逻辑，才能写好作文

唐 屹

清华附中一体化学校——清澜山学校语文教师

东莞市优秀教育工作者

崔永元说：

我有当教师的瘾，当很多家长对我说，能不能开个作文课，于是就有了现在这个作文课。

这个课有三个作用：

第一，孩子不喜欢写作文，这个课可以让他愿意写。

第二，孩子喜欢写作文，但是写得不好，这个课能让他写得好。

第三，孩子喜欢写作文，又写得非常好，这个课就可以让他写得更好。

唐屹老师吸收了国际上先进的教学方法，懂得将生活中的创意运用到作文中，加深孩子对作文的理解。他的方法能够调动孩子写作的热情，把生活中随处可见的事物变成自己的写作素材，并且帮助孩子进行逻辑思维训练，提高思辨能力。

分解写作对象：用五感法、气泡图法写细节

五感法写细节

写作文并不神秘，秘诀就掌握在我们每天共处的身体里。我们的身体有五个突出的感官能接受外界的刺激，也就是眼、耳、鼻、舌、身。为什么写作文要从五感出发，是因为此阶段的学生正处于具象思维，而从最熟悉的事物入手才能通过具象思维的可视化桥梁进入抽象思维的创作。

眼主导视觉，耳主导听觉，鼻主导嗅觉，舌主导味觉，身上的皮肤可以主导触觉。我们的身体的这些部分，都是有感而知的。

视觉主要是指看见了什么，比如尺寸、颜色、形状。

听觉主要是指听到了什么，比如人声、歌声、噪声。

嗅觉主要是指闻到了什么，比如香气、臭气、腥气。

味觉主要是指尝到了什么味道，比如甜的、酸的。

触觉主要是指感觉到了什么，比如质感、温度。

很多孩子一听说要写作文，就手心冒汗、抓耳挠腮，说："老师，为什么要写作文？"

五感法写细节，目的就是当老师布置作文的时候，孩子们能够通过眼、耳、鼻、舌、身去收集信息，让他们在写作文的时候有话可说。

我在课堂上给学生展示了一头塑料奶牛，如图：

接下来，学生们设法去感受这头奶牛。

大家先说嗅觉。对嗅觉，孩子们是这么描述的：

1.这是一头假的奶牛，所以有一股塑料的气味，没有真的奶牛的那一点点臭臭的气味。

2.我也闻到了，是一股塑料的气味，但也不是那么浓，有点儿淡淡的。

3.奶牛身上的毛，有一股特殊的气味，感觉有点儿像塑料，也有点儿不太像塑料，有点儿像布的气味。

4.凑近闻的时候，感觉有毛扎鼻子，气味也有点儿刺激性。

接下来是听觉：

1. 假奶牛发出了叫声后，我感觉，它跟真的奶牛的叫声不太一样。真的奶牛，叫得没有规律，假奶牛叫得很有规律，感觉就是机器的声音。

他找到了真的牛和假的牛的区别，在叫声上节奏感不一样。

2. 真牛的叫声会有点儿断断续续的。

这位同学认为真奶牛的叫声有变化。

之后说说触觉：

1. 我摸到它的毛感觉软软的，像棉花糖一样，挤奶的部位有点儿硬。它的鼻子和眼睛都是硬的。

不同的部位有不同的触觉感受。

2. 我摸这头牛就感觉特别硬，真正的奶牛，身体是有点儿软的。

假奶牛的身体，整体的感觉有硬度。

接着说说味觉。大家可以说一说平时喝牛奶的感觉。比如：

1. 奶是很甜的。

2. 有的牛奶是比较稠的，有的牛奶是很稀的。

以上是大家用感官来感受到的奶牛，人的身体天然就是可以"有感而知"的。

同样是提到牛，好作家会调动感官来为作品勾勒丰富的细节，达到"诗中有画"的效果，读者们一读文字便如临其境！

比如有个词，叫"多如牛毛"。这个成语形容非常之多，多得像又细又密的牛毛。

朱自清的《春》里有这样的描述：

雨是最寻常的，一下就是三两天。可别恼。看，像牛毛，像花针，像细丝。

朱自清先生不但懂"多如牛毛"是怎样的感觉，他还会用。我们都很熟悉春雨，但是朱自清先生说春雨像牛毛，像花针，像细丝。一连三个"像"，像牛毛形容春雨下的次数又多又密，像花针形容形状，像细丝形容绵长。

这三个"像"用意深刻，分别表现多而密、形状质感、整体绵长的雨的效果。像牛毛和花针都是触觉，但是触觉又有不同的侧面，而像细丝是视觉。

这里第一步是用五感感知，第二步是五感感知要细腻，比如同样是触觉，但像牛毛和像花针就是不一样的触觉，这是说要细腻地去感知，看进去。读朱自清先生这篇文章，对雨的感觉就更加细腻了。

王安石《牛衣》：

百兽冬自暖，独牛非氄毛。

这句诗让我对牛毛有了更加细致的感受。贴近皮肤的位置会在冬天的时候泛出来一层很细的绒毛，这就叫氄毛。

我小时候没有接触过牛，问了我妈一个特别傻的问题："到了冬天的时候，我们有羊毛毛衣、羊绒大衣，怎么没有牛毛毛衣？"

她回答我："牛毛那么硬、那么粗糙，怎么能做成牛毛毛衣呢，多扎人。"

读到王安石这首诗的时候，我才知道，动物的毛分为两层：一层是针毛，是硬的、直的；另外一层是绒毛，绒毛是贴着皮肤长的，非常柔软。但是牛在冬天很少长绒毛，它泛起的绒毛特别少，所以你能感觉到牛很怕冷，冬天的时候不用出去放牛，牛只能躲在牛棚里。

可见，大作家写出来的文字都经过了特别细致的观察。

每个人都有五感，但要用五感法写细节，就要观察得非常仔细。

不仅要观察得仔细，还要能把我们的视觉、触觉、嗅觉、味觉和听觉完全打通，旋转、跳跃一起用。

比如我说一个孩子笑得好甜，"甜"这种感觉不是我从这个孩子这里真实尝到的。那我为什么有这样的感受呢？也许是因为他的小酒窝很可爱，也许是因为他笑起来，像小月牙的眼睛，让我好像吃甜食一样，觉得很满足、很开心。

我把味觉和视觉感受打通了，这叫作通感。

有如下几个句子：

1. 她的声音犹如棉花糖一样甘甜，犹如婴儿的棉肚兜一样柔软。

这句话给了我们很多细节。作者描述了"她的声音"，却不直接用听觉来形容，没有直接说"很好听"。因为如果写"很好听"，读者并不知道是怎么好听，但写成像棉花糖一样甜，像婴儿的棉肚兜一样柔软，我们就知道，它绝对不会是像牛一样发出"哞"那么粗重的声音，这个声音应该是细腻而软和的，读者就对这个声音有了更直接的感受。

2. 红杏枝头春意闹。

——北宋·宋祁《玉楼春·春景》

古人对通感的运用那是信手拈来。比如"红杏枝头春意闹"，红杏哪是在春天里瞎闹腾，它只是开它的花儿罢了。但是春天里的诗人对这春天喜欢得不得了，看谁都像是在春天嬉闹。这也是把视觉和听觉互通。

3. 微风过处，送来缕缕清香，仿佛远处高楼上渺茫的歌声似的。

——朱自清《荷塘月色》

微风吹过来，这个时候你闻到了一点点清香，有吗？好像又没有。

朱自清的写法就比较调皮了，他写香气就像高楼上有人唱歌似的，好像没有，好像很安静，好像又听到了一点点……

这种感觉，就让你对这个清香有了不一样的感知。因为他将"清香"这种嗅觉和用耳朵听见歌声的听觉，一起打通，让你对事物有了更深切的感知。

分析了这些例子，大家就能得出一个结论：运用五感法，第一是要仔细观察，第二是可以用到通感。

气泡图法写细节

用五感捕捉完了细节，还得用人能"看得见"的方式形象地表达出来。

小朋友喜欢听故事，人大多如此，天生喜欢听故事，而不是听大道理。

我们是先有感受，后有认识的。人的大脑神经元特别发达，比如我一见到一个人很漂亮，我在一瞬间就做出判断了，虽然我不知道自己是怎么得出"漂亮"这个结论的。其实，在大脑里，已经有了一个无意识的过程。

写作就是让你像倒带一样，把磁带倒回去，看一看你的大脑到底是怎样运作的，对方到底为什么让你觉得漂亮，她的眼睛是什么样的，她的笑容是什么样的……

有一个小工具，是一个小气泡图。

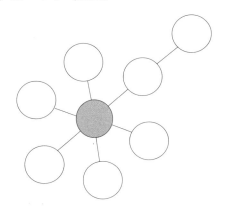

中间的灰色部分，是要感知的内容，旁边的白色小圈圈，是要感知到的要点。

比如丰子恺的《白鹅》中有这样的描述：

它伸长了头颈，左顾右盼，我一看这姿态，想道："好一个高傲的动物！"

鹅的头在比例上比骆驼更高，与麒麟相似，正是高超的性格的表示。

鹅的"嘎嘎"，其音调严肃郑重，有似厉声呵斥。鹅则对无论何人，都是厉声呵斥；要求饲食时的叫声，也好像大爷嫌饭迟而怒骂小使一样。

鹅的步调从容，大模大样的，颇像京剧里的净角出场。它傲然地站着，看见人走来简直不让；有时非但不让，竟伸过颈子来咬你一口。这表示它不怕人，看不起人。

这篇文章很长，可以用气泡图来分解。

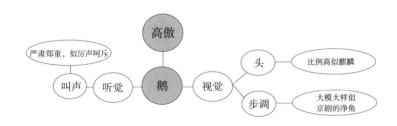

白鹅很高傲，这是丰子恺先生的思考。但是别人不懂呀，怎么办呢？先把概括性的词语"高傲"放一边，回看大脑的五感感知给出的细节。

第一，他用到了视觉。

他看见了鹅的头，鹅的头比例更高。比例更高如果还不够通俗，他就写"像麒麟"，让你看得懂。麒麟是四兽之首的神兽，自然昂头挺胸。

他还看见了鹅走路的样子：鹅的步调从容，大模大样的，颇像京剧里的净角出场。京剧里的净角对于丰子恺先生的时代来说，并不遥远，他是用生活中常见的事物来比喻。

第二，他还用到了听觉。

鹅的叫声与鸭的叫声大体相似，都是"嘎嘎"的，但音调上大不相同。

鸭的"嘎嘎",其音调琐碎而愉快,有小心翼翼的意味;鹅的"嘎嘎",其音调严肃郑重,有似厉声呵斥。他写出了鹅的严肃郑重的感觉。

写完以上的头、步调、叫声,读者就明白了,鹅是一只高傲的动物。

所以,每个人做判断的时候,要倒带回去看,自己是怎么感受到的。

现在给你提个问题,如果有两个角色,猪八戒和孙悟空,择一为友,你会怎么选?

你可能会选孙悟空。为什么选孙悟空呢?我们就从这个判断开始倒带,看看孙悟空有哪些优点。我们可以从三个角度给出信息。

用气泡图法,中间的深灰色圆圈,是要感知的事物,是孙悟空。

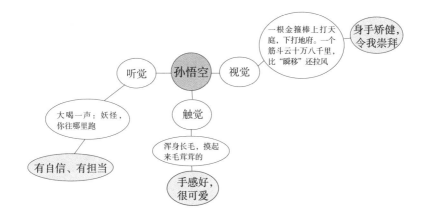

第一个:视觉。

有同学说,一根金箍棒上打天庭,下打地府。一个筋斗云十万八千里,比瞬移还拉风。所以就感觉他身手矫健,让我崇拜。"身手矫健,让我崇拜",是很多同学写作文咬破笔头也写不出来的,其实,当你回头看,写好草稿再动笔，就有很多话可说了。

第二个：触觉。

有同学说，浑身长毛，摸起来毛茸茸的，所以就感觉他手感好、很可爱。同学们常常写小动物的时候，比如写"小猫很可爱"，下一句话就不知道写什么了，所以一定要从这个角度先把草稿打好。为什么可爱，从哪里可以具体描写它的可爱？

第三个：听觉。

我们总是听到孙悟空大喝一声："妖怪，你往哪里跑？！"这些有细节的对话，可以加到作文里，就能创作出有血有肉的文章。从这句话里，你听到的孙悟空是一个有自信、有担当的人。

所有外圈的浅灰色部分，同学们都是知道的，但是写作文一定要倒带，往回走，让细节出现在作文当中，才是好文章。

选猪八戒做朋友，大家也会闪现出很多有趣的点子。我们用气泡图法分析一下（如下）。

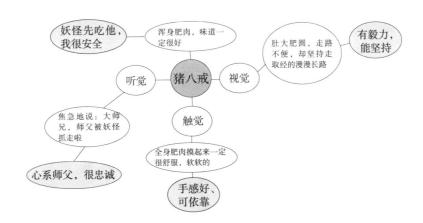

第一个：视觉。

有同学看到猪八戒肚大肥圆走路不便，却坚持走取经的漫漫长路，所以觉得他有毅力、能坚持。

第二个：触觉。

猪八戒全身肥肉，那摸起来一定是很柔软的，所以手感好，这个朋友值得依靠。

第三个：听觉。

猪八戒总是说："大师兄，师父被妖怪抓走啦！"这些经典的对白，都可以加到文章里，心系师父很忠诚，我们也想要这样不抛弃我们的朋友。

还有一个是"小心思"，比如浑身肥肉，味道一定很好，跟他做朋友，妖怪肯定会先把他吃了。

当要写"我选猪八戒做我的朋友"的时候，先把气泡图做完，然后再动笔写文章，你的文章就又有情节、又有细节、又有故事，还有观点和你的想法，整个文章就会很完整。

五感法和气泡图法，就是让我们调动自己的感知能力，剖析一件事物的细节。

每个人天生都会感觉，一点儿难度也没有，只不过人的大脑运行得太快了。所以，你在观察的时候要注意两点：

第一，像朱自清说春雨、王安石写牛，观察一定要细致。

第二，通感。"你笑得很甜"，两个感官的感觉一起打通，这是写作的技法之一。

在这个基础上你感觉到了，才能有自己的认识。你将自己的认识写下来，就能够打动其他人，因为我们每个人天生都会感知。

写作文时，如果不知道该怎么下笔，就应当运用气泡图。气泡图是一个梳理你的感受和思路的工具，让你像倒带一样，从五个角度出发，把你收集到的信息搜刮出来，变成文字，就是一篇很完整、很有感染力的文章，你的作文也会变得更丰富、更有趣、更深刻。

名师答疑

家长：

辅导孩子写作文，我以前教他的方法就是按时间、地点，人物干了什么的方法写作。后来，发现换我自己写，捕捉信息都非常难，别说孩子了。

这一节的五感法非常实用，先定下结论，再充分组织"为什么是这样的"后，心里顺畅，打通了我思路不清晰的障碍。

唐屹：

可以先画气泡图帮孩子整理。大人总让孩子打草稿，孩子却会问："草稿是什么？"

其实，草稿也需要运用一个工具，气泡图就是一个工具。你可以先让孩子把这个写完，再来写作文。

这个方法适用于所有的情况。其实它是一个感知方式，因为人就是通过五感去接收信息的，所以我们应该先做好前期的工作。一个人感官丰富了，他写起来，资源就多，就能文思泉涌。

家长：

气泡图法在日常生活中是如何运用的？比如说，男孩子基本上不洗衣服，如果要写《我第一次洗衣服》，如何用五感法把它描述出来？

唐屹：

气泡图是一个"要点分解"的方法。生活中的所有事情都可以分要点，但我们要跟五感结合起来。

气泡图的第一层，可以先画五个圈，比如说中间的深色圈：洗衣服。洗衣服旁边画五个圈——视觉、听觉、味觉、触觉、嗅觉，然后你就让他去感受。

当然，孩子也可以写他不喜欢洗衣服的原因：不喜欢气泡、不喜欢冰冷的感觉等，这就是要捕捉到的信息。

家长：

我有三个问题。

孩子上六年级了，从一年级练习口述作文，二年级练习看图写话，年年有作文，直到现在。

平时在考试的时候，老师总会让孩子记一些好词佳句，必须背下来，考试能用到，但是孩子写的时候，真的不知道该怎么样运用，如何破解？

是死记硬背好，还是从平常阅读看书的时候自己获取更好？

唐屹：

好的句子，自有它流传下来的道理。孩子其实是能讲道理的，但是你得说服他。

气泡图法其实是一个"可视化"的方法。老师布置了背好词好句的作业，虽然是生搬硬套，但起码对一些写作困难的同学来说可以凑字数。

但一直生搬硬套肯定不行，所以我们可以有一些引导孩子的小技巧。比如，如果老师布置背十个句子，家长可以分析这十个句子，并引导孩子理解老师为什么选这十个句子。这是一个很好的思辨训练。

很多时候，孩子根本不知道老师要求他背的句子好在哪里，这自然就起不到作用。所以，家长在分析这些句子好在哪里的时候，也可以利用气泡图，把其中细腻的表达呈现出来，让孩子可以直观地感受到。

家长：

写作文是孩子提笔写就可以，还是非要写一个初稿，再写二稿？

唐屹：

我个人赞同先有草稿，但不是简单地要求孩子写草稿。

草稿的目的，是要让孩子把要点梳理清楚，把信息捕捉完。

一定要让孩子明确打草稿的目的。第一稿、第二稿、第三稿……这其中还有润色和修改。在这个过程中，都可以给孩子提建议，比如"咱们换一个叙述角度和叙述方式是否合适"。

但每次都要明确一个点，让孩子知道"我写这一稿是为了什么"，达到目的就行，不拘泥于到底是初稿还是二稿，不拘泥于写了几次。

家长：

家长如果不辅导，孩子自己写，可以"逼"出来吗？

崔永元：

这个问题主要是家长不会教，只有"逼"这一个办法，而这是最下乘办法。

在我组织的作文课上，常常会发现孩子们兴高采烈，非常激动。当老师提出一个好玩的问题时，他们会踊跃举手。其实，孩子对写作文并不是一味排斥，我们凭什么认为他们对写作文没有兴趣呢？

我们不懂孩子，所以给他们贴上了"抵触写作文"的标签，误以为每个孩子都对写作文怀着深仇大恨。

而根源，可能是家长教孩子写作文的方法根本不对。我们要从自己身上找原因，而不是否定孩子。

实践作业

主题：《我最喜爱的小动物》。

每个人都有最喜欢的小动物，写这个题目之前不要急，拿一张白纸，先把气泡图画下来。

用五感把信息梳理好，把小泡泡都填好之后，你就会发现只有一个感受——"妈妈，再给我一张纸，我还没写完！"

汉堡包法定框架：如何让文章更完整

汉堡包法定框架

一个好汉堡的自我修养，有这样几点：

第一，第一块面包一定要酥软可口，第一口好吃，你才会接着吃。就像你写作的第一句话，你得像一个发射钩子一样，第一句话就把读者抓住了，他才能接着往下看。

第二，接下来要有有嚼劲的牛肉饼或者鸡块，还有芝士、西红柿、青菜，一定得多汁，让你想一直吃下去。就如同文章的细节，细节动人，才能引人入胜。这里就可以用到上一节提到的五感法和气泡图法。

第三，最后一块面包得把整个汉堡兜住。让读者读了你的文章之后，一直有兴趣吃到最后一块，吃完了还觉得意犹未尽，唇齿留香。

很多作品都运用了汉堡包这个方法，先看一个简单的：

两只老虎

两只老虎，两只老虎，

跑得快，跑得快。

一只没有眼睛，

一只没有尾巴，

真奇怪！真奇怪！

出现了两只跑得快的老虎这很正常，但它接着写，一只没有眼睛，没有眼睛怎么跑？接下来更奇怪，老虎没有尾巴。发生了什么？没有眼睛、没有尾巴在跑，它得出的结论是真奇怪。

第一句就像我们的第一块面包，"跑得快"统领整首儿歌，接着出现了有疑问的细节，最后给了一个结果——"真奇怪"。

一首天天唱的儿歌，能够在全中国流传，自有它的原因——既通俗易懂，又离奇。

再看白居易的《忆江南》：

江南好，

风景旧曾谙。

日出江花红胜火，

春来江水绿如蓝。

能不忆江南？

开篇一点儿也不含蓄，一个"好"字统领全篇，这可是被作者认证过的。"谙"是很熟悉的意思，因为他在杭州和苏州两地都做过刺史。

然而，读者没有去过江南，所以中间给了细节：日出江花红胜火，春来江水绿如蓝。

以江为核心，写出了蓝天倒映在水中，水又清澈，绿如蓝，好像有一点儿泛着天空的这种蓝色；同时，旁边的江花红得跟火焰一样，描绘了令人向往的细节。

最后以反问你"能不忆江南？"做总结，就像最后一块面包一样，把这首诗给兜住了，令读者忍不住要马上买张机票去一趟江南。

汉堡包框架法中，第一块面包的作用是抓住读者的注意力，起概括或总领作用。

抓住注意力有很多方法，比如这样的文字：

最后一个地球人坐在家里，突然响起了门铃。叮咚——

一开头就给人汗毛倒立的感觉。

多汁的细节怎么写？可以用五感法，描绘引人入胜的细节。

最后，要写一个意味深长的结尾，那就是汉堡包的最后一块面包。有一个最简单的诀窍，笔在你手里，文章是你写的，只有在结尾把你真实的想法巧妙地流露出来才是最动人的。

我的一个一年级的学生写了一篇《春天里的我和爸爸》〔尹骏卢　清澜山学校一年级（1）班〕。

在冬天，我的爸爸回来了，我和爸爸一起睡觉。

第二天，爸爸和我出去玩。

我说："爸爸，爸爸，你看，花儿含苞欲放的样子。"爸爸说："对呀！对呀！"

我又说："爸爸，爸爸，你看树长得多高呀！"爸爸说："对呀！对呀！"

我突然说："爸爸，爸爸，你看树上的鸟儿在唱歌呢！"爸爸说："对呀！对呀！"

等到爸爸要回内蒙古时，我就把春天当成了爸爸。

这篇作文，开篇直接说明我和爸爸很久没见，却在冬日的寒冷中同睡一床被窝。多么温暖！

接下来用五感法写细节，他用了三个一样的句式"爸爸，爸爸，你看"，别小看这出自小学一年级学生的这种很稚嫩的写法。中国的第一部诗歌总集《诗经》，有"桃之夭夭，灼灼其华……桃之夭夭，有蕡其实"。这就是不断地重章叠唱。这位学生也用了一模一样的句式，但是爸爸从头到尾都只说："对呀！对呀！"

有个学生提出一个问题："唐老师，他爸爸难道只会说'对呀对呀'吗？"

我仔细品味了一下，我想他爸爸应该是很久没有见到自己的孩子了。小孩在公园里面跑闹，爸爸的眼睛就盯着他，哪是看景色，他的眼睛里面全是自己的孩子。所以，他从头到尾没有过多的话，只有"对呀！对呀"，只想这样简单地陪着孩子。

最后一句话统领全篇，"等到爸爸要回内蒙古时，我就把春天当成了爸爸"。春天是有形状的，但是他对爸爸的想念有形状吗？没有，他把没有形状的想念变成了春天。

我在批改这篇作文的时候，当时就哭了。

我是一个不喜欢哭的人，但是为什么会感动呢？是因为小时候，我爸爸也经常不在我身边。我记得有一个细节，是爸爸开车离开的时候，我立刻转身"噔噔噔"跑上楼去了。可能别人觉得："你跟爸爸关系不好，所以爸爸一走你就走了。"

不是的！因为楼上的窗户比较高，可以看见他的车离开的那个道路。我那个时候很矮，就在那个小窗户前面跳啊，跳啊，看着爸爸离开。这个细节到现在都印在我的脑海里。

所以，我看这篇文章，全篇没有用一个"想"字，但无时无刻不感受到他对爸爸的想念，而且整篇文章完全符合汉堡包的结构。

有一个视频，讲的是小熊和妈妈一起爬雪山：小熊和妈妈一起爬雪山，小熊好几次滑下雪山，后来沿着妈妈踩出的道爬上去，结果被妈妈一巴掌扇了下去。最后，小熊通过自己的不懈努力，终于爬上了雪山。

每个小朋友准备三个指示棒，分别代表汉堡包框架的三个部分。你准备好一个就举起一个牌子，你准备好两个就举起两个，准备好三个就全部举起来。你一边说，我一边听。不要担心，我们会一起做出一个很美味的汉堡。

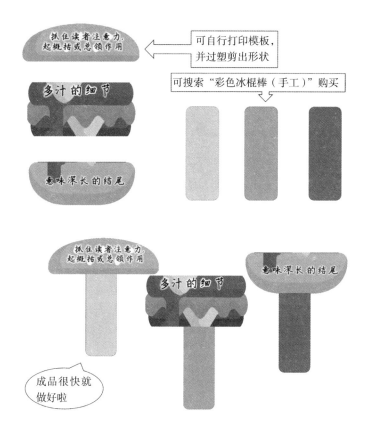

下面是几位学生在课堂上写的文字：

第一篇：

　　熊妈妈和熊宝宝一起爬雪山，发生了惊人的一幕。（第一块面包）

　　小熊几次爬上去都掉下来，其中有一次它想向右改道，顺着妈妈的足迹往上走，但是被妈妈扇了一巴掌，又掉了下去。（多汁内容）

　　但它锲而不舍，即便掉到山崖底下还是往上爬，小熊最终成功了。这个

故事告诉我，你不能依靠别人，你得靠自己的努力，而且要不言放弃、锲而不舍，去完成自己想要做的事情。（兜底的面包）

第二篇：

小熊的妈妈说，今天我带你去锻炼，很轻松的，不要怕。（第一块面包）

小熊沿着妈妈的路线往上爬，结果到了山顶，妈妈却把它扇下去了，它又跌在山崖底下。小熊从来没有看到过这么恐怖的山谷。（多汁内容）

它自己爬起来，重新往上爬了一次，最后才成功地爬上去。这个故事告诉我们，要靠自己努力，最终才能做成这一件事。（兜底的面包）

第三篇：

熊妈妈带着一只小棕熊爬雪山。（第一块面包）

当那只小熊卖力地爬到雪山中央时，它累了，它准备爬到妈妈的那条道上。它沿着妈妈的那条道，爬到顶上之后，它的妈妈毫不留情地把它扇了下去。（多汁内容）

小熊心想："妈妈为什么要这样对我，我就是累了嘛，偷一个懒也没什么。"但是它想了想，对自己说："不，我一定要让妈妈对我刮目相看。"于是，它绕过妈妈的路，重新找了一条路，慢慢地爬了上去。经过努力后，它终于成功了。

通过这个视频，告诉我们，失败是成功之母，自己的事情要自己做，不要依靠别人获取成功，要自己去努力获得成功。（兜底的面包）

上面这些文章，已经初步地体现出汉堡包法定框架的逻辑了。我们还可以再优化一下，对文章的各个细节进行补充，就会更加成熟。

我们常说，人类一半是天使一半是动物。其实人和动物之间并不存在着不可逾越的鸿沟，人和动物之间的差距，在某些时候可能仅仅隔着一根头发丝的距离。不信你看这两只棕熊。

俄罗斯马加丹的两只棕熊是一对母子。正在攀越雪山的熊妈妈身手敏捷，可是旁边跟着的熊宝宝呢？爬了没一会儿，突然积雪松动，一骨碌就滑了下去。小熊挣扎着再把爪子嵌入雪中，一抓稳就马不停蹄地继续往上爬。这时候爬到山顶的熊妈妈在焦躁不安地踱着步，眼神直勾勾地望着小熊的来路。可小熊爬着爬着又没抓稳，瞬间又滑了下去。如此往复，它一直尝试着抓牢，不断地挑战。

掉了几次的小熊，这次变聪明了。它一眼瞥到旁边妈妈爬雪山留下的爪子印，立刻向右改道。顺着妈妈留下的深深脚印，它很快就爬到了山顶。就在它快要登顶的时候，熊妈妈大熊掌一挥，把它吓得脚下打战，再一次掉了下去。这次估计吓得不轻，一直掉、掉、掉到积雪融化凸出的一块嶙峋山体上。我替它捏着一把汗，心跳加快。可是有个小黑影骨碌骨碌在山壁上也毫不减速。一步、两步、三步……爬过山壁，爪子死死地用力嵌进积雪。这次小熊终于凭借自己的能力登顶雪山。熊妈妈欣慰地带着自己的孩子走向前方。

如果说小熊是锲而不舍的愣头青，那么熊妈妈就是用心良苦的领航人。人类的一半是动物，动物的一半有人性。（唐屹　清澜山学校语文老师）

上面这篇文章的一开头就描述了自己的感受——原来人跟动物并没有差距很大，可能我们之间的距离，就像一根头发丝一样。所以我们常说，人一半是天使，一半是动物。

在描写小熊爬雪山的过程中，有诸多细节，能够像钩子一样抓住读者的心：一开始，它掉下去过几次，它一只小爪子可能抓不住积雪，积雪在它的手中松动了，所以突然就掉了下去。当它再爬的时候，它吸取了教训，想到妈妈的熊爪子大，留下来的足迹很深，它就向右改道，然后往上爬。

它接着往上爬，又被妈妈扇了下去。最后一次，它的爪子抓得很深。为什么最后它会成功呢？因为它一直在学习—— 一开始可能抓得太松，所以不断往下滑，后来它尝试"爪子死死地用力嵌进积雪"就成功了。

通过以上的训练，大家就能清楚地掌握汉堡包法了。运用这种方法，能使文章的结构更清晰，内容也更容易打动人。

奥利奥法：用清晰的逻辑写好议论文

我们在作文训练时也会遇到写议论文。好的议论文建立在优秀思辨能力的基础上。

这样的对话在生活中会经常出现，比如妈妈对孩子说"今天要穿秋裤"，孩子对妈妈说"妈妈，我不想穿秋裤"。

写议论文也有它的行文结构，当你掌握了，就会觉得它是如此简单。议论文就像一块夹心饼干，关于某一个问题和某一件事情，你思考后，把你的观点、看法、立场、主张写出来就可以了。

奥利奥饼干上有四个英文字母：OREO。

第一个 O（Opinion）：亮观点——清晰简洁。

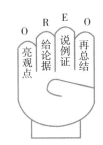

第二个 R（Reason）：给论据——有理有据。

第三个 E（Example）：说例证——举例子、摆事实。

第四个 O（Opinion）：再总结——重申观点。

具体的写法是，先说出你的观点，之后把你的理据说出来，然后围绕着这个理据举例，最后重申自己的观点。

刚开学时，我组织孩子们选班干部。结束之后，一位新来的插班生找到我。

他说："唐老师，我想找你谈一谈。"我很紧张，还没等我缓过神来，这位三年级的小朋友就开始说："唐老师，我觉得你不应该现在就选班干部。现在时机不合适。刚开学，新生刚融入班集体。但是老生彼此非常熟悉。我想举个例子，如果你现在选班长，老生肯定支持老生，因为老生彼此熟知。新生也肯定选择老生，因为新生之间都不认识，但是相信老生对校园熟悉，能帮到自己。最后不管怎么选，当选的都是老生。这对新生就很不公平，还没展露才华就被 PK 掉了。所以我觉得，现在就选班干部，时机不合适，等大家彼此熟知后再来竞选。"

听他说完，我只想给他竖起四个手指。OREO 一个不少，极具说服力。学会奥利奥法就能随时帮助你争取自己的权利。下次你们在生活中碰到这样的场景，也可以默默竖起四个手指，一个一个娓娓道来。

接下来，我给大家出一个辩论题目——"哆啦 A 梦对大雄的成长利大于弊，还是弊大于利"。

你可以选择作为正方进行辩论：哆啦 A 梦对大雄的成长利大于弊。也可以选择反方角度：哆啦 A 梦对大雄的成长弊大于利。

我试着从正方角度进行思辨：

1. O（Opinion），亮观点：

哆啦 A 梦对大雄的成长利大于弊。

2. R（Reason），给论据：

哆啦 A 梦的出现，对大雄的个人成长带来了很大的帮助。

3. E（Example），说例证：

在哆啦 A 梦来之前，大雄可谓缺点多多，学习差、体育差、不爱运动等。哆啦 A 梦的出现，帮助大雄改掉了很多坏毛病。

哆啦 A 梦让大雄变得更独立了。有一个情节是，哆啦 A 梦得到幸福这个指令之后，要返回未来。它希望大雄在自己离开的时候能够独立，大雄就证明给它看了。没有了哆啦 A 梦的道具，大雄依然可以过得很好。他还与总欺负自己的胖虎打了一架，最后打赢了胖虎。

虽然哆啦 A 梦经常给大雄提供道具，但每一次都会设定一个程序，让大雄自己努力去争取才能成功。这对大雄的成长有着催进作用。比如，他们长大了，有一次静香约几个朋友去爬雪山，遇到了危险，而大熊因为感冒没有去。小时候的大雄看到之后就想去帮静香，他通过自己的记忆想起来这件事情，然后把静香救了出去。

4. O（Opinion），再总结：

哆啦 A 梦对大雄的陪伴，让他最后变成了一个独立的大雄，对他的个人成长有好处，所以利大于弊。

我们也可以站在正方角度，列出一份"OREO 观点计划表"。比如有的同学的论据是"哆啦 A 梦的出现使大雄的人际关系受益"，就可以列个这样的"观点计划表"。

每次写议论文之前，都可以列一份这样的表格，在表格里填写自己的观点、论据、例证和结论，让你的观点更清晰，行文更有逻辑性。

当然，一篇文章不一定只有一个观点，你可以一个一个地列出来。

O 亮观点	哆啦 A 梦对大雄的成长利大于弊。
R 给论据	哆啦 A 梦的出现使大雄的人际关系受益了。
E 说例证	大雄向哆啦 A 梦借道具几乎是每一集的主线。可见哆啦 A 梦的帮助对当时只有 10 岁、正处于成长重要阶段的大雄是多么重要。同时，他也是一个独生子，哆啦 A 梦的出现使大雄多了一个共同成长的家人。他们的相处避免了大雄以自我为中心，能够让他学会替别人考虑，人际关系自然会变得更好。
O 再总结	综上所述，哆啦 A 梦对大雄的成长利大于弊。

上面是正方观点，你也可以站在反方角度进行辩论。

比如，在崔永元老师的作文课堂上，他是反方辩手，观点是"哆啦 A 梦对大雄的成长弊大于利"。

崔老师也列出了他的论据：哆啦 A 梦的出现让大雄失去了成长的机会。

哆啦 A 梦来了以后，大雄总是依赖它的帮助，导致他缺乏独立成长的空间。

大雄做作业的时候，会吃哆啦 A 梦给的记忆面包。另外，人在成长过程中，喜怒哀乐都需要自己亲自经历才能体会。但是哆啦 A 梦每次帮助大雄解决问题，剥夺了大雄的喜怒哀乐，只给了他一个词——"成功"。大雄无法自己独立面对挫折、困难和挑战。

最后，崔老师重申了自己的观点：哆啦 A 梦对大雄的成长弊大于利。

崔老师作为反方，也给出了完整的论述过程。

那么，当你看到这个题目时，你是正方还是反方呢？你能把自己的观点说明白吗？

总之，当我们要论述自己的观点时，可以利用奥利奥法来定框架，培养自己的理性思维，提高自己的思辨能力，这对于我们写议论文是非常有帮助的。

　　这世界上的很多问题没有一定的答案，不同的孩子面对同样的证据有时也会得出不同的结论，况且有关证据多如牛毛，我们根本无法收集全了。重要的是搜集到的论据是什么，而这些证据又怎样支持了你的观点，而不是观点本身是否正确。思辨过程胜过结论正确。

名师答疑

家长：

　　三年级的孩子在写作文时除了学习汉堡包法和奥利奥法外，还有哪些结构方法可以学习？

唐屹：

　　汉堡包法和奥利奥法是基础的结构方法，当孩子掌握后，再慢慢地学习转换叙述的顺序，比如总分总、分总、总分。前提是：在拥有一种更理性的思维之后，再尝试其他的。

家长：

　　我的孩子小升初，面临重要考试。

　　孩子选好主题以后，如果做了过多的铺垫，导入过慢，可能会来不及。在有限的考试时间里，不宜写草稿，或者做思维导图，如何才能让孩子在有限的时间内快速、高效地写出作文？

唐屹：

在汉堡包法结构里，第一块面包就是对文章的概括，设计悬念也好，统领整篇文章的内容也好，首先就是要点题。

奥利奥法也是解决这个问题的。孩子们容易一说话就开始举例子，而这个时候他们连自己的论点都还没有搞清楚，举出的例子自然很散、不知所云。所以用奥利奥法，就是先把自己的论据搞清楚，把例子先在脑海中想明白。弄清楚了，下笔也就有底气了。

家长：

辩论题"哆啦 A 梦对大雄的成长利大于弊，还是弊大于利"很有意思。此外，还可以找一些其他的论题让孩子练习辩论吗？有哪些论题能帮助孩子的思维训练？

唐屹：

其实孩子们看一部电影，就可以找到多个辩题。平常您带孩子参与的各种各样的活动，也能找到类似的辩题。现实生活中的辩题会更好，因为他们有更深切的体会和直观的感受，能够找到更多的例证。

比如：

小学生周末该不该上辅导班？

小学生是该保证睡眠质量，还是该完成学校作业？

在《疯狂动物城》里，是兔子朱迪改变了狐狸尼克，还是狐狸尼克改变了兔子朱迪？

在《寻梦环游记》里，米格的父亲该不该去追求自己的音乐梦想？

哪吒到底应不应该捉弄别人？

家长：

汉堡包和奥利奥都是孩子爱吃的食物，我们平时也会带孩子去吃其他好吃的，我想问问还有什么东西或者食物，可以让孩子去练习写作方法呢？

唐屹：

我觉得这是考验家长的，比如说吃桃，就可以把它比作一篇文章。每个桃子都有一个桃核，那就是一篇文章的核心，我们写文章的时候，就得抓住这个核心，再慢慢地进行填充，让它长出饱满多汁的果肉。

中国人爱吃包子，包子里边有馅儿，这个馅儿就像文章的观点。如果没有观点，文章就成了馒头，而不是包子。

家长在与孩子沟通的时候，可以拿他生活中最熟悉的事情做比喻。如果你拿孩子们看得见、具体的事情与他沟通，他们就能很容易理解了。

实践作业

辩论题：小学生周末该不该上辅导班？

学五感法的时候，我提供了气泡图。在辩论这道题的时候，可以参考我在上文提供的"观点计划表"，一定要提醒自己，先有了论据之后，再举例子论述。

此外，还有其他题目：

小学生是该保证睡眠质量，还是该完成学校作业？

在《疯狂动物城》里，是兔子朱迪改变了狐狸尼克，还是狐狸尼克改变了兔子朱迪？

在《寻梦环游记》里，米格的父亲该不该去追求自己的音乐梦想？

这些都可以成为进行辩论的好素材。

"拿捏"写作内容：用种子法写记叙文，
让读者心跳加速

提到记叙文，有的同学就会说，不知道写什么，不知道从哪里叙述起。还有的同学是写了很长时间，却发现自己"废话连篇"，写的都是无用的文字，最后匆匆结个尾——"我今天真开心""今天真是愉快的一天啊"。

很多同学觉得写记叙文有困难，其实记叙文很像一个 3＋2 的夹心饼干，重要的有两层夹心。

第一层：你在生活中遇见很多人，你和对方有交往，有对话。

第二层：在生活中会遇到某件事情，或者见识美妙的景致。

生活中的人、事、景物，就是饼干中间的奶油夹心，要么叙述，要么描写，就能合成一篇好的记叙文了。

小种子——内心高潮

种子法写记叙文，要用到的一个道具是西瓜。为什么这么说呢？如果生活中的事情就是这个大西瓜，我们每一天就好像在瓜田里行走，会遇见很多很多西瓜。然而，如果你想吃西瓜，就不能仅在瓜田里流连，而是要拿出一把刀，切下去。去品尝、去感受才有属于你独一无二的个人体验。而这是你写作不可多得的素材。

但是，很多同学吃完西瓜，瓜籽一吐，改天再问他当时吃西瓜的美味感受就所剩无几、荡然无存了。就像老师让学生写作文的时候，学生的表情是不是这样的："老师啊，为什么要写作文啊？！"

其实，每个人在经历各种各样的事情时都会有自己的心路历程。其中最让人心跳加速的高潮时刻就是我们最应该关注品味琢磨的小种子。只有种子才能落地生根、开花结果。在种子法写记叙文里，我们不仅要多吃西瓜，就像多体验生活一样，还要回过神来，二度思考，去琢磨那一粒粒小种子的背后，自己的心到底感受到了什么。

我们把生活中你感兴趣的某件事情比作一个大西瓜。比如，有一段时间我带学生去惠州南昆山做"童子军"。这是一种野外的求生技能的训练，跟军训不太一样。这件事情就是一个大西瓜。

我们去了五天，取出来一片西瓜，告诉你这五天里，我最感兴趣的是高空滑索。

高空滑索是利用工具，滑过高空中的绳子。绳子下面是一条大河。这件事，就是其中一片小西瓜。教官还"吓唬"学生们说："谁要是在滑的时候掉下去了，要等五天后再来接你。这五天中，你在水里训练，没有东西吃，可以抓鱼，还可以游泳……"

学生们当场吓得后退，我也想着该如何进行下去。我是老师，虽然害怕，却要表现出自信的样子，所以对教官说："我先来！"

教官把装备系在了我的身上，我在一个小悬崖边上自己踩空，瞬间就滑过去了。我记得一个细节，可以把这个细节比作西瓜里的一粒小种子，当时我其实还没有准备好，要踩空的时候，就已经滑下去了。我的心跳到了嗓子眼，但还是回头对我的学生们说："很轻松，很轻松。"没有一个学生知道我当时心中的波澜。

我滑过去之后，就用话筒给学生们打气，说："很容易，放心大胆地过来吧。"

西瓜里的这粒小种子，却留在了我的心里。如果你让我写一篇关于"童子军"的记叙文，我就写这粒小种子。

爸爸妈妈带孩子去看风景，做很多很有意思的事，过后让孩子写作文。

孩子们要学会想办法："该怎样把这件精彩的事情写清楚呢？"

先问自己，在整个过程中，让你心跳加速的事情是什么？然后再找到最心跳加速的那个时刻，这就是找到了小种子。

我们吃西瓜的时候，肯定把籽吐了，但其实西瓜籽落地生根，就能发芽，作用很大。在写文章的时候，抓住生活中的小种子，也就是让你心跳加速的那个关键时刻，才能够让作文有滋有味，吸引人。

写记叙文，一定要聚焦其中，写出让自己最紧张、最震撼或者最感动的高潮部分。其他的叙述描写，最终都是为了高潮部分的推进。写记叙文的时候，先不要着急下笔，如果没搞清楚自己想写的重点是什么，就很容易写成流水账。所以最重要的是，先找到自己在什么时候心跳最快。

除了高空滑索，当时我们还用竹子扎起了竹筏，如果扎得不好，就会沉到水里了。

"童子军"活动结束后回来，我收到了同学们写的小作文。

作文一：

童子军
同学甲

童子军的第一天，我们做高空速降。我不喜欢这个项目，因为它搞（得）我裤子上全是泥。

第二天，我们走过了一座山，最后在小河边拍了几张照就回去了。

第三天，我们抓鱼，一共有八条鱼，我们只抓到了四条鱼，但都是同学们抓到的，我一条也没抓到。

第四天，是我在童子军印象最深的一天，我觉得同学们一样，因为那天开 party，还放音乐。我们又做竹筒饭，真是令人难忘的一天呀！

第五天，我们早上训练完就去吃午饭，吃完午饭了之后，我们就回家了。

这个同学记忆力很不错，写了五天的事情。这个同学五天的"童子军"经历，就像切了五片西瓜。我阅读这篇文章时的心电图如下：

　　　　　　　　　　　　　　　崔永元：名师作文课（实战篇）

令我心跳波动的文字是"童子军印象最深的一天"，可我接着往下看，却没有看到这一天到底有什么"难忘的"。这位同学一看就知道他很认真地写了日记，从第一天到第五天一天不落地都写了。但是老师读下来的心电图，唯一波动的地方就是他写的第四天。我想既然是他印象最深的一天，总会波澜壮阔吧。哎呀，感觉用刀把西瓜切开了一道小口子，不给我吃了，还没有深入就已经停止了。

作文二：

（印象）最深刻的索道
同学乙

我在童子军里（印象）最深刻的一件事就是滑索。

一开始，我很害怕，等我看见第一个人滑下去的时候，感觉很刺激，一瞬间就过去了，真好玩！然后，村长说可以当小鸟或小猪。过了一会儿，有的女生都当小鸟，有的男生都当小猪，就这样一个接一个，对面的人还鼓励我们说加油！最后大家都敢于尝试，通过了绳索的考验！

绳索真好玩！

这篇文章是典型地学习了汉堡包法之后写的，所以开篇就提出来"我在童子军里（印象）最深刻的一件事就是索道"；紧接着，描绘了细节部分；最后做总结"绳索真好玩"。

我阅读这篇文章时的心电图如下：

我有个心跳较高的位置，对应的文字是："一开始，我很害怕，等我看见第一个人滑下去的时候，感觉很刺激，一瞬间就过去了，真好玩！"

此处，他在和读者沟通自己的内心状态。但是他写着写着，就写到"村长说"，过了一会儿又写"有的女生""有的男生"，还写了"对面的人"，而他自己的感受就不了了之了。他本来想深入写滑索，想写滑索很好玩，但是他没有写出好玩的点在哪儿。他心态的变化本来是可以深入下去的，但分散了，就在着急中做了总结。所以，我心情波动了之后，后面就平淡了。

那么，用种子法写记叙文到底应该怎么写呢？

请参考下面的表格：

When（时间）	Where（地点）	Who（人物）
Begin（起） 　"起"是开头，开头要写的吸引人或交代清楚前提。这就像给读者铺路，让人不自觉地跟着你的文字走下去。	Middle（承转） 　"承"和"转"是主体。"承"是顺着开头写，阐释或递进情节。"转"是提出不一样的说法，从不同角度检视前提的预设。	End（合） 　"合"是结尾。 　千万不能草草了事。"合"最关键的是把自己加入进去。只有投入自己真实的想法才能让全篇升温。

种子要发芽，有生长的过程、变化的过程，随后还有开花、结果的过程。

种子法写记叙文时，要交代清楚时间、地点、人物。

从一粒小种子，慢慢发芽，会经历风吹日晒，最后成熟了，像文章的起、

　　　　　　　　　　　　　　　　　崔永元：名师作文课（实战篇）

承、转、合。

起，就好比我带你出门，你要跟着我，我得给你铺好路，走出一条路来；承，就是顺着发展，你走过我铺好的路；转，就是换不同的角度，同样的一个想法，换不同的角度去佐证它，文章似山不喜平，要有变化；合，就是把观点说出来。

我写了一篇文章，是从一个学生的角度写的。当时，我观察到了一粒小种子。

这粒小种子是什么呢？有一天晚上，我们开篝火晚会，教官说大家可以随时上台表演。我班的学生简直都是"戏精"，大家很爱表演，也很活跃，几个男生冲上去演小品。

此时，我没有被小品吸引，而被舞台旁边的一个男生吸引了。他一个人站在舞台旁边，嘴巴一直在说话。我走过去问他，他告诉了我一个故事，他说："唐老师，我很想上台，但是我从来没有上台唱过歌。我去年听过一首电视剧的歌曲，我一直在练习，一直在练习，可等我准备上去的时候，教官说很晚了，请大家回宿舍。"

他说："我没有成功，我从来没有上台表演过。唐老师，要不我唱给你听听？"

根据这个经历，我写了这篇文章：

舞台旁的心理独白

周四童子军晚会的篝火燃烧了每个同学的小宇宙。每个人都像触电的"蚂蚁"，吃着自己喜爱的食物，跟随音乐随性地舞动身体。

教官突然拿起话筒说："谁想上来表演节目？自己来抢话筒呀！"我班这群"戏精"按捺不住，等我回过神来，Owen已经开始在台上一个人表演"双簧"了。他表演得简直太"可乐"了，台下被笑声淹没，我也忍不住鼓起掌来。

鼓着鼓着，我听到自己问自己："你要上去吗？"我眉头一紧，没有答案。可是脑子不听使唤，鼓励我的嘴巴哼起了去年听过的一首电视上放的歌。哼着哼着，我手指握拳，手心冒汗，喉咙干涸，呼吸紧张。我忍不住喊出来："我真的要上台表演吗？"

"谢谢同学们的热情表演，今晚是一个难忘的夜晚。由于时间原因，晚会到此结束。"教官说道。我被涌向宿舍的人流推着往前走，回头看了一眼灯光撤掉后暗淡的舞台，犹如我黯淡的心情。旁边传来Owen跟唐老师聊天的声音，他说："老师，你喜欢我的表演吗？你觉得我做得好吗？我一直在找你，我想知道你觉得我做得怎么样。"

我双手拇指互相摩擦着，似乎想通了点儿什么。其实无论是舞台上纵情表演的Owen，还是舞台下踟蹰不前的我，内心都是一样的。我们都渴望借助"舞台"被他人看见，被他人欣赏。

这粒小种子，就是站在舞台下面的人，以及他的心理状态和他的感受。

写记叙文，不用把五片西瓜都写清楚，找到那粒小种子，找到最能触动人的细节，所有的叙述都围绕着它来写，就足够了。

下面是我写这篇文章时的心电图：

　　　　　　　　　　　　　　　　　　崔永元：名师作文课（实战篇）

这个故事最高潮的地方，就是他想要上舞台，最后又没有上成的那个失望的状态，我就围绕着这一点写了一篇文章。

如果有一个人去看了三部电影，整个观看过程的心电图如下，那么哪部电影最精彩呢？

图一：

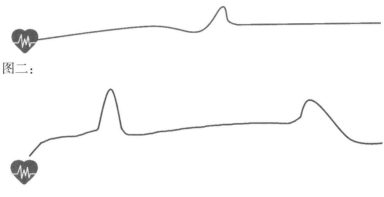

图二：

图三：

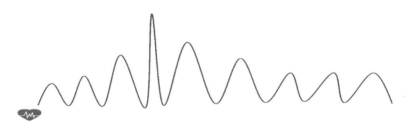

答案是第三部。

我们如何让自己的记叙文给读者第三幅心电图的效果呢？可以尝试用种子法写记叙文。

比如，现在你拿着打气筒给气球打气，最后这个气球爆炸了。你应该如何描写这个过程呢？

首先得找到种子。

我们学过五感法，就不要再说"我很开心""我很兴奋""我很紧张"这种概括性的虚语。你要告诉我，你客观地感受到了什么，再告诉我你内心的想法，这两个逻辑是相通的，可以相互印证。

给你提供一份"种子发言表"：

种子发言表		
	客观所感	主观所得
👁		我觉得、我决定、我感到、我相信、我希望……
👂		
👅		
👃		
☝		

在给气球打气的过程中，每个人找到的种子可能都不一样，最重要的是找到最能触动自己的那一粒。

例1：

气球很小、很轻，它已经被吹得透明了。我觉得我只要一碰它，它就会破。接着我用耳朵听，没爆的时候是没有声音的，爆的时候会发出"啪"的一声。

这是起承转合中的"起"。

我心快提到嗓子眼了。

紧张，这是感受，也是种子。

我想用嘴尝，但我没敢尝；我闻了闻，没闻到特别的气味；我摸了摸，很光滑，会有"刺啦刺啦"的声音。

我想用脚踩，但我害怕把我的脚给弄疼了，我又不敢踩。我想了一下，到底踩不踩？最后，我闭着眼睛跳上去，结果踩破了一个！

感受。

踩完了之后，我平静了下来，我想我以后再也不怕踩气球了。

感受和总结。

例2：

一开始，我打了很久气，都没有爆，所以我就想这个气球会不会韧性很好，是打不爆的。

他的小种子就是关于气球会不会爆这件事。

我从一开始提到嗓子眼的心情，就慢慢落下去了，快要落到正常位置的时候，气球一下子就打爆了。

描写感受，有转折，有变化。

我以前从来都不敢玩气球，就是怕一不留神爆了。这次，我看着一个气球在我眼前爆炸了，肌肉神经就一下绷住了。

描述了感受。

例3：

老师让我去玩气球的时候，我先是观察了一下它，发现它是半透明状的。

我拿到的是一个黄色的气球。我看它非常像一只梨，口水就有一点儿想流出来。

我又用手去摩擦它，想听一听它会不会发出什么声音。它发出了"嘎吱嘎吱"的声音。我又去闻了一下，发现它还有一股淡淡的塑料味。我又摸了摸气球，它不是特别光滑，有点儿摩擦，有点儿阻力。

有一个同学，在我旁边踩破了一个气球，我吓得往后退。过了好久，我的心情才平复下来，因为以前，我从不会去弄破它。

他的这粒小种子，就是旁边的人在踩破气球的时候。这篇文字里补充了很多细节，作者一直在观察气球。但是突然这个时候，旁边的人把它踩破了，这是心跳加速的时刻。

为什么我会用给气球打气来作为例子呢？因为你在给气球打气的时候，不知道它会不会爆，不知道哪一秒会爆。这种感觉会让你越来越紧张、越来越紧张、越来越紧张。等到气球爆炸的时候，你会跳起来，因为你的紧张一直在被堆积、堆积、堆积，堆到了一个最高值。

你在这个过程中的感受，这个令你心跳加速的过程，就是种子。

我们将上面的"种子发言表"升级，就能得到一个很完整的记叙文的梳理表。

在写记叙文的时候，可以用如下表格来打草稿：

　　　　　　　　　　　　　　　　　崔永元：名师作文课（实战篇）

记叙文梳理表					
时间	地点	人物	起	承转	合
客观所感			主观所得		
👁			我觉得、我决定、我感到、我相信、我希望……		
👂					
👅					
👃					
👆					

首先，想好你的小种子。例如，"最让我心跳加速的小种子，就是我想要去把气球踩破，但是又不敢"。紧接着，在写文章的时候，要把时间、地点、人物写清楚。

写清楚了之后，用五感法来描述细节和感受。例如，上面的"例3"，作者把他看到的、听到的、摸到的感觉都写了出来。同步还可以写出自己内心相对应的想法是什么，在这个过程中你有怎样的思考，你内心的冲突是什么，变化是什么，都可以记录下来。

找到了这粒种子，再按照写记叙文的方法，起、承、转、合，把事情叙述完整，记叙文就写好了。

很多同学写文章打草稿时都是拿一张白纸。有了这个表格，可以把它放在旁边，使用"基础写作纸"来打草稿，如下：

基础写作纸		
□1~5句话。 □6~10句话。 □自由挥洒刹不了车。	□潦草的书写。 □整洁的书写。 □美观的书写。	□有头有尾。 □细节多汁。 □起承转合互相衔接。
自我核对 □我是否已全文通读以检查错误? □我是否写了题目? □我是否每段首句空了两格? □我是否每句都加了标点符号? □我是否用了正确的修改符号改错?	——————	**教师评价** 1. 语言 ①书写 ②遣词 ③造句 2. 内容 3. 结构

　　自己根据上面的表格核对完了之后,再把文章交出去。每个同学都可以把自己当成一个小作家,每次写作文都是完成一个作品,而不是被动地认为自己只是在写作业交差。

　　总结一下,种子法学写记叙文,有两步:第一步选材,要选择内心心跳加速、最高潮的那个时刻;第二步,选好这个时刻之后,不要贪多,一篇文章就着重描述这一个时刻,所有的材料都围绕它来写。

　　围绕种子来写的时候要注意把基本的时间、地点、人物先讲清楚。讲清楚了之后,注意文章要有起、承、转、合,这样才完整。

　　在上面的过程中,要梳理自己的感受,可以用五感法写细节。

名师答疑

家长：

孩子在写记叙文的时候，总觉得这件事也难忘，那件事也难忘，到最后他自己不知道到底该写哪件事。碰到这种情况该怎么办？

唐屹：

孩子说"妈妈，我这件事也难忘，那件事也难忘"，说明他已经开始思考了。这很重要，你可以对他说，我们其实可以写成一个系列故事。

但是一篇文章不要贪多，不要一会儿写这个，一会儿又写那个，要选择那粒"小种子"，抓住一个重点。

也可以写成一个系列故事，比如"我难忘的很多很多事，第一件是什么，第二件是什么，第三件是什么"，可以分成多篇文章来写。

家长：

生活中，有些事情发生得比较快，我们来不及反应，就找不到种子了，这时候该怎么办？

唐屹：

可以不断地追问，引导孩子思考。

比如，我们有一次做"给气球打气"的游戏。有一位同学说，附近的气球爆炸的时候，我都跳起来了，但是他自己打气的时候，反而没有那么紧张。为什么会这样呢？我不断地追问他"你觉得这是为什么""你当时有哪些感受"，让他不断地还原当时的场景。

引导他去思考，他最后就自己总结出来了。

家长：

我们在家的时候，能带着孩子一起做类似的气球游戏，跟他一起玩，再写一篇作文吗？

唐屹：

当然可以。我们可以随时随地选取各种各样的材料，或者挖掘孩子真实经历的事情。当他学会用种子法写文章之后，就能了解什么叫"文章似山不喜平"。

不能写得太平，你得把最触动人心的时刻分解开来：怎么开始的，怎么承接的，怎么转折的，最后是怎样收尾的。

实际上，现实生活往往比舞台更有意思，它充满了各种波折。作为家长，得启发孩子，告诉他："你是否可以试着把这些波折都写出来？"

实践作业

想一想今天最高兴的一件事。在回忆这件事时想清楚，你心跳加速的那个时刻。围绕着这个时刻，运用"记叙文梳理表"，把你的信息都储备好，然后利用起承转合的方式，用写作纸——务必写清楚细节——把每个部分都完整地描绘出来。

训练写作技巧1：利用比喻手法，将感受无损地传输给读者

什么叫比喻呢？

比如，你见到了自己很仰慕的一位偶像，你有什么感觉？

你可能会回答："我感觉很激动。"

但是，激动到底是什么样的感觉呢？其他人没有亲身经历过，其实很难体会到。

所以，在一个人身上发生的事情，我们需要用各种各样鲜活的文字描述出来，让别人能明白。

就像一个数据线，在传输文件的时候，用它把电脑和硬盘连接起来，硬盘里的东西就会传输到电脑上了。孩子写文章，要是像数据线一样，写得生动形象，别人一读就能无损传输到脑子里，这就是一篇好文章。

想要实现这样的效果，第一个办法就是比喻。比喻是指用跟甲事物有相

似点的乙事物来描写或说明甲事物。

例句如下：

1. 叶子出水很高，像亭亭玉立的舞女的裙。

2. 悲伤是两座花园之间筑起的高墙。

3. 我们之间已经隔了一层可悲的厚障壁了。

这是三个不同的比喻句。

以下是升级版的气泡图：

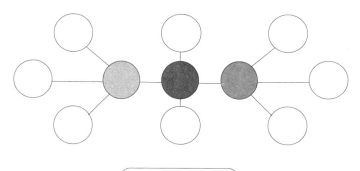

双气泡图——对比异同

在这个气泡图中，左、右两个浅灰色气泡代表着两个不同的事物，白色的气泡则代表着事物的特点。比如，最左边三个白色气泡代表的是左边浅灰色气泡的特点，最右边的三个白色气泡代表的是右边浅灰色气泡的特点，中间的深灰色气泡则代表两个事物的共同特点。

比喻有三个重要的原则：

首先，一定要说清楚两个不同的事物。"我姐姐很会写诗，就像李白一样"，这句话中，"姐姐"跟"李白"都是人，不是两个不一样的事物，所以即便有"像"这个字，它依然不是一个比喻句。

其次，这两个事物要有共同点。

最后，比喻的目的是突出特征。当你表达某个事物的特征，读者不明白，你就要举一个读者熟悉的事物来打比方。

举几个例子：

1. 这孩子哭起来就像警报器一样。

孩子跟警报器的共同点是都能发出声音。孩子哭起来会令人不开心，刺耳的警报器响起来时，也会令人有一种提心吊胆的感觉。把孩子的哭比喻成警报器，给人一种害怕和紧张的感觉，也就突出了这个孩子哭得令人心烦意乱。

假设作者挺喜欢孩子哭，觉得孩子哭也是一种可爱的表现，就会用不同的方式去表达了。

2. 喷嚏声仿佛炮声，响彻整个树林。

喷嚏声和炮声是两种完全不一样的声音，共同点是响亮。"响彻整个树林"是为了突出它的音量大，所以选择了"炮声"作为喻体。

3. 敕勒川，阴山下。天似穹庐，笼盖四野。

——南北朝·佚名《敕勒歌》

"天似穹庐"中的"穹庐"指的是蒙古包。把天比作蒙古包，有人觉得这突出的是一种笼罩的感觉。也有人认为，这是因为古人认为"天地混沌如鸡子"，讲的是天地混沌一团，轻而清的阳气上升为天，重而浊的阴气下沉为地，像一个鸡蛋，天包裹着地，提出"浑天说"。

我认为选择蒙古包作为喻体，还有可能因为他就住在蒙古包里，他睁开眼睛一看，蒙古包把他笼盖住了。大草原无比广阔，天地相接，看不到天的边际，人也像躺在蒙古包里面一样。所以，他说"笼盖四野"。

这样的比喻就很贴切，让人身临其境。

4. 不知细叶谁裁出，二月春风似剪刀。

——唐·贺知章《咏柳》

在这个解读中，有的同学说，诗中用到剪刀，可以突出柳叶的精致。

有的同学则从发型的角度，说柳枝垂下来的样子像女孩的头发，春风把柳枝剪成很匀称的、好看的发型。这很有意思，说不定贺知章也是这么想的。

还有的同学很有逻辑地解释了这个比喻：柳叶是非常细、非常长的，而且它的叶子边缘还有一些小锯齿，这样的形状只有剪刀才能裁出来。但是贺知章知道，这个肯定不是人为的，所以他就联想到了二月的春风。

比喻的游戏

我们来做个游戏吧。

游戏一：用牌上的事物做比喻。

有三张牌，第一张牌背后画着"落叶"，第二张牌背后画着"竹子"，第三张牌背后画着"打印机"。

这是三种不同的事物。现在，请你抽其中一张牌，用抽到的事物来形容一个人很瘦。

1. 如果你抽到了第一张牌，牌上是落叶，你要用它来描述一个人很瘦，你会怎么说呢？

下面是一些同学的回答：

这个人很瘦，像随风飘的落叶，随时会被吹走。

这是从风的角度来表达。

这个人很瘦，瘦得就跟随风的落叶一样薄。

这是从形态的角度来表达，说明一个人形态很薄、很瘦、很干瘪。

这个人很瘦，仿佛落叶的根茎一样。

这是截取部分的形态，这个人可能是瘦直瘦直的。

这个人很瘦，脸色蜡黄，就像干枯的落叶的颜色。

这是从颜色的角度来表达。

2. 如果你抽到了第二张牌，上面是竹子，你会怎样用它来形容一个人瘦呢？

这个人很瘦，瘦得就像细细的竹子。

用细来形容体形的瘦。

这个人像竹子枯萎了，成了竹竿。

枯萎就是一点儿叶子都没有，只剩下竹竿。

3. 第三张牌，抽出来的是打印机。

这个人很瘦，瘦得就像塞进打印机里薄薄的纸一样。

能够塞进打印机，说明他的身体真的很扁。

游戏二：《疯狂动物城》的"闪电"。

《疯狂动物城》里有一个很有意思的人物——"闪电"。

我们可以用这样的句式来形容"闪电"的慢：

"闪电"慢得就像······

大部分同学可能会说：

"闪电"慢得像蜗牛一样。

"闪电"慢得像乌龟一样。

这些都是比较常规的比喻。我们能不能在以上的句子里，让"闪电"更慢呢？如果给这些喻体加上一个形容词，比如"闪电"慢得就像受了重伤的蜗牛，或者"闪电"慢得就像一只被压了几斤重石头的乌龟——那就更慢了。

"闪电"慢得就像被胶水粘住的蜗牛一样。

"闪电"慢得就像珊瑚的生长速度。

"闪电"慢得就像"双十一"的物流一样。（"双十一"是生活中的事情，你会觉得挺有意思。）

比喻是一种常见的修辞手法，用好了，就能让一个句子、一段话、一篇文章熠熠生辉。

想让比喻有新意，有两个办法：

第一，找到喻体，前面加上不一样的形容词。

第二，想一想生活中出现的新鲜事物，随时随地留心观察自己的生活，才能够捕捉到更新颖、贴切的喻体。

好的比喻，能让不在你身边的人，通过你的文字直观地体会到你的感受，把看不见的情感变得看得见，就像用数据线插到别人的脑子里一样，别人能感受到你文字的魔力。

崔永元：名师作文课（实战篇）

训练写作技巧 2：利用"magic 拟人法"，让文字活起来

在写作里面不仅有比喻，还有拟人。拟人也是一种常用的写作技法，它和比喻有着异曲同工之妙。

什么叫拟人呢？

如果我给你和一群人拍了一张合影，然后把照片给你看，请问你先看哪个？是看站得最高的人吗？

不是。

你一定会先看自己，因为我们每个人都关注自己。

人最常接触和观察到的都是人。拟人也就是用人来形象、生动地表现事物，把事物人格化，将本来不具备动作、思想和感情的事物变成和人一样具有动作、思想和情感。

就像一根魔法棒一样，让我们眼前的事物活了起来。"魔法"这个词的英文是 magic，而我们要学习的就是"魔法写作"——magic 拟人法。

M 是 movement，动作。

人会有动作。

例如：

蜡烛上的火光欢快地舞蹈着。

从动作的角度，写了火光是在欢快地舞蹈，氛围是开心的。如果不开心，还是从动作的角度，如何写呢？

那就是：桌上的蜡烛，就像人哭泣一样在滴着蜡泪。

A 是 affection，情感。

例如：

天公乐开了花，派春姑娘装扮了世界。

把春姑娘、天公都变成了有思想、有感情的人，喜欢人间，所以撒了花，让春天变得特别美丽。

G 是 gesture，姿态。

人会有姿态，人会化妆，让自己变得更漂亮。

例如：

欲把西湖比西子，淡妆浓抹总相宜。

——北宋·苏轼《饮湖上初晴后雨》

崔永元：名师作文课（实战篇）

西湖就像西施，无论淡妆、浓妆都很美，这就很生动。

I 是 intelligence，思考。

人才会思考。当你把事物当作人，让它会思考，就会很生动。

例如：

他们全安静不动地低声地说："你们放心吧，这儿准保暖和。"

——老舍《济南的冬天》

济南是被山围绕着的，老舍居住在这个地方，对它很有感情。群山保护着济南，就像看护着一个小婴儿一样，很形象地写出了这个被群山围绕的济南的地势。

C 是 communication，沟通。

人跟人之间才会说话，植物、动物之间的交流我们听不懂。当植物、动物也能说话时，语言的魔力就出来了。

例如：

宁静的夜晚，只有那天上的星星对你耳语。

星星不会说话，但作者把星星当成了人。

以上五点，总结起来就是 M：动作；A：情感；G：姿态；I：思考；C：沟通。当然，这五点并不穷尽。

人还有很多别的特点，如果你想用拟人的手法，却无从下手，可以试着从这五个方向来寻找思路。

拟人的游戏：把"我"推销出去

你可以试着做一个游戏，以进行练习：请用拟人的手法把随处可见的东西推销出去。

比如杯子、羽绒服、电子手表、保温杯、文具盒、沙包等。

怎样推销呢？有一个特别简单的方法，就是用拟人手法，直接用"我"来说话。

比如你要推销杯子，就要和杯子合二为一 ——我就是这个杯子。

你现在说你不打算买我，我就要流眼泪，眼泪就装满我了。你看，杯子里都是我的眼泪，都要流出来了，你买我吧!

当你把自己当作杯子时，你就能将读者也带入进去。

接下来，我们再来推销羽绒服：

我在冬天的时候可以给你温暖的拥抱，虽然你穿着我，感觉胖胖的，但我可以温暖你。

然后是推销电子手表：

表盘上的时间，有如一位跳动的舞者，在飞速地走动着。（动作）

以黑色为主色调的手表，像一名帅气的男子。（姿态）

我时刻监测着你的健康，这就是运动手表。（沟通）

接着，推销一个红色的沙包：

我是你工作之余的玩伴，在你疲劳的时候可以陪你玩耍。（情感、沟通）

在你生气的时候，我可以帮你发泄。（情感）

名师答疑

家长：

孩子们记了很多名人名言，但是写作文的时候为什么就没有什么可写的？

唐屹：

很多时候，我们在生活中对孩子的标准要求特别高，总是教他们很多名人名言，急于让孩子用名人名言来做总结。

事实上，孩子的真情实感才是最能打动人的。

很多家长以为老师不喜欢学生表达真情实感，所以让孩子背诵名人名言，其实这是一个很大的误会。老师都希望学生能写出自己真实的感情，只是很多学生的技巧不足而已。

如果孩子能够用比喻、拟人的手法，把语言表达得动人，会比引用名言名句更有温度，更能感染人。

家长：

唐老师您好，您讲了比喻和拟人的运用。那么，比喻和拟人这种手法，在文章中用得越多越好吗？

唐屹：

修辞是语言文字运用的一种技巧，但是所有事情都得适度，应当把握一个度：能不能非常完整地表达你的意思。

所有的修辞手法，都是为了让文章的意思更完整，都是辅助孩子进行表达的。孩子觉得表达清楚了，就没有必要把各种修饰层层累加了，否则反而会失去真实的意味。当然，写文章要想达到收放自如的境界，还需要长久地练习。

实践作业

用比喻和拟人，为你生活中常见的某个产品写一段广告词。

写作是二度思考，每个人都有自己的思想和感情，也会对身边的客观事物有所看法，会有自己的知识和信息储备。然而，很多人只是止步于在头脑中想想，或者跟朋友聊聊，却没有用文字的形式成文。写作实则是二度思考，而再加工的输出过程就是打破固有思维和加深思维深度的途径。